バートランド=ラッセル

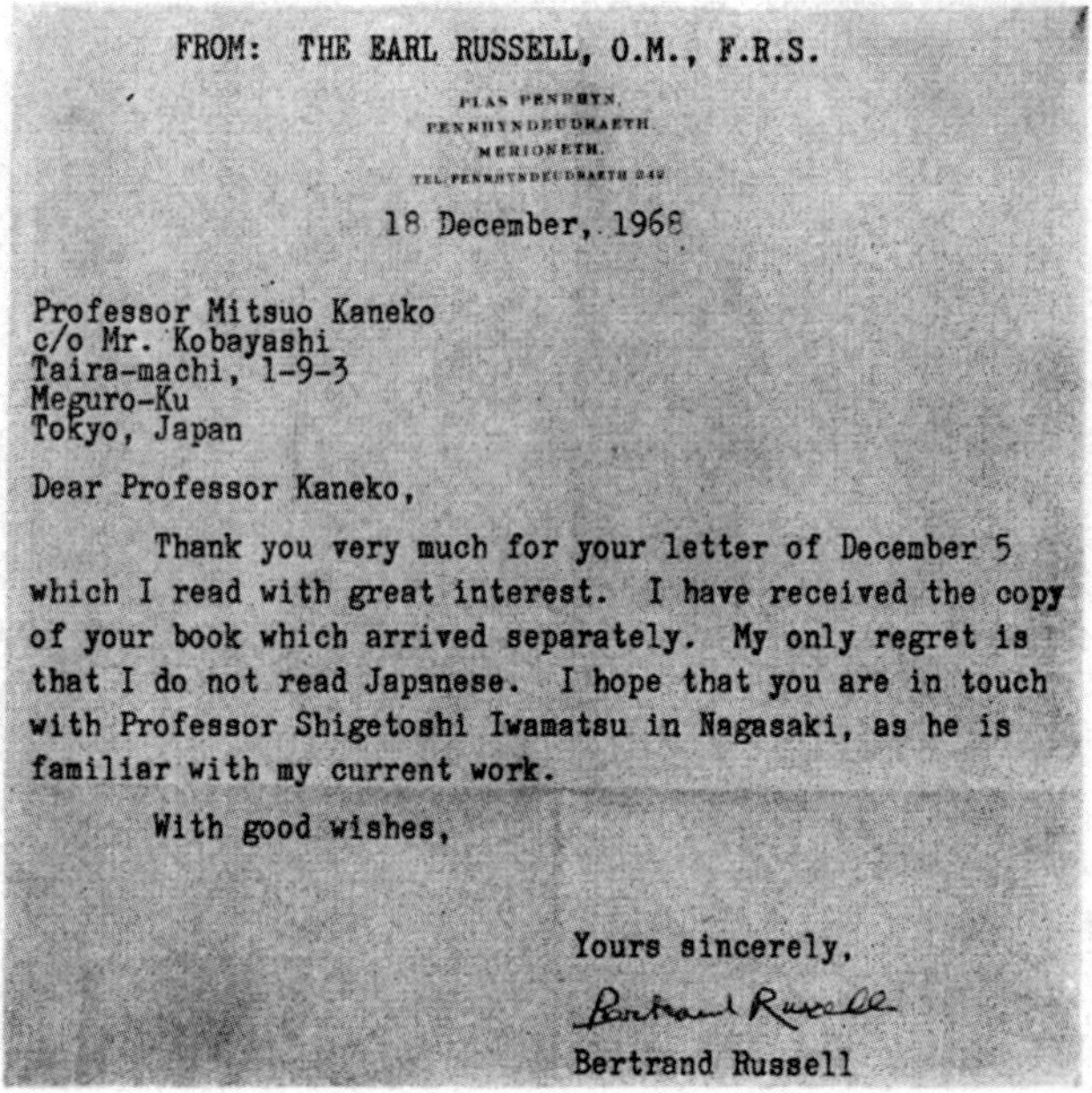

FROM: THE EARL RUSSELL, O.M., F.R.S.

PLAS PENRHYN,
PENRHYNDEUDRAETH.
MERIONETH.
TEL. PENRHYNDEUDRAETH 242

18 December, 1968

Professor Mitsuo Kaneko
c/o Mr. Kobayashi
Taira-machi, 1-9-3
Meguro-Ku
Tokyo, Japan

Dear Professor Kaneko,

Thank you very much for your letter of December 5 which I read with great interest. I have received the copy of your book which arrived separately. My only regret is that I do not read Japanese. I hope that you are in touch with Professor Shigetoshi Iwamatsu in Nagasaki, as he is familiar with my current work.

With good wishes,

Yours sincerely,

Bertrand Russell

Bertrand Russell

ラッセル

● 人と思想

金子 光男 著

30

CenturyBooks 清水書院

ラッセルについて

よみがえった歴史

わが国は、今年（一九六七年）で戦後二二年目を迎えた。あの頃と比べてなんと見違えるほど復興し発展したことであろう。当時はほとんど灰燼《かいじん》と化し去り、見る影もなかった東京には、ここかしこに大空高く高層ビルディングがそびえたち、はてしなく高速道路がつづき、そしてそのなかにひしめくように密集して住宅が立ち並んでいる。われわれは、いまさらのようにその発展ぶりに目をみはるばかりである。

しかし、ひとたび夏を迎えると、蒸せかえるような炎熱下のなかで、日本人のだれもが、改めて一瞬の白い閃光で、二〇数万の生命とともにくずれ去った広島の聖域の悲惨な光景を想い出すことであろう。歴史は二〇年をさかいとしてよみがえるといわれる。一九六七年の八月五日、一段と緑の増した広島の平和記念公園にある原爆ドームは、新しい生命を吹きこまれ、よみがえった歴史の証人として、その補強工事の完工式が行なわれた。そして二〇年間の風雪のために、くずれかかったレンガ、折れかけた鉄骨は、そのままの姿を残して、改めて平和への道標としてつくり直されたのである。

そこには、ドームの保存を通して、とこしえに平和を祈った国民の心からの悲願があり、ふたたび戦争の悲劇を繰り返してはならないという国民の非常な決意があった。平和の鐘が山にこだまし、合唱の歌が海を越えてひびくとき、われわれは、何千マイルもへだたった彼方から、核実験の被害を受けた日本に深い同情を示し、再武装をしないと誓った憲法の平和宣言は、じつにすばらしいものであるとほめたたえて、次のように呼びかける声を聞くことができる。

「われわれは、今日、いつ来るかも知れないこの人類の危機を、どんなことがあっても、取り除かなければならない。私はこのために全力を捧げている。この世界を廃墟にしてはならない。この人類を破滅させてはならない」と。その声は燃えるがごとく、祈るがごとく、切々としてわれわれの胸に迫ってくる。これこそ、人間の知性を絶対的に信頼してやまない哲学者バートランド・ラッセルの声であり、ことばなのである。

ラッセル峰へ登頂の試み

白髪の痩身《そうしん》で鶴のように、眼光炯《けい》々として鷲《わし》のように、つねにパイプをくわえて、壮者をも凌《しの》ぐ元気さをもったラッセルは、一九六七年の五月で、満九五歳を数えることになった。ほとんど一世紀近くを生き抜いていることになる。彼は、いまは核兵器反対を叫んで、平和運動を実践している警世家としてその名を知られている人である。

しかしラッセルは、もともとは数学・論理学者であり、哲学者である。そしてまた彼の業績は、これだけにとどまらず、さらに広く政治、経済、社会、教育、倫理、芸術および宗教と、およそ人間が求めんとする思想上のあらゆる珠玉が、彼の著作のなかに散りばめられ、彼の行動としてあらわれている。その意味で、彼ほど多角的な思想家はいないということができるであろう。

ラッセルは、たしかに今世紀における思想界の巨峰である。しかし、それはエベレスト山のように、孤立してそびえ立つ巨峰ではなくして、アルプス連峰のように、いくつもの高山が並びそそり立つ連峰である。そのために、彼の思想を網羅的に解説した書物はほとんどなく、ましてや全面的な体系の研究は、おそらく至難の業であろう。彼の著作は、主要著書および論文その他を入れれば数百冊にものぼり、ことばだけでも二千万語に達するといわれる。

したがって、よほど超人的な精力がなければ、巨峰に登るどころでなく、どこまでも広がる裾野を歩き廻るだけで終わってしまうであろう。または せいぜい一つの高山に登っただけで、彼の思想を断片的に判断して、彼は論理的に矛盾した哲学者であるとか、共産主義の同調者であるとか非難することになる。人物が偉大であればあるほど、その全容を理解することはむずかしい。

ラッセルは、イギリス経験主義の立場にたち、ヨーロッパの合理性にもとづいて、この現代社会が非合理的に動いてゆく動向と、そこから生ずる人物の愚かな行動の原因とを、冷静に分析して、少しずつでも人類の不幸を緩和してゆこうと努力している。そのために、彼は科学的精神を堅持して、ときには伝統的思想に反対し、ときには迷信倫理と対決して、つねに物事の真実の姿を追求してゆくのである。

かくして、彼は思想においては、独断や狂信やまやかしなどに対して、容赦なく批判のするどい刃をふるい、行動においては、あらゆる形の圧政や独裁や不寛容などに対して、身をもって抵抗の姿勢をとる。そして、それが寸鉄人を刺す皮肉や機智となり、また偶像破壊となってあらわれる。彼が「第二のソフィスト」

といわれたり、「現代のヴォルテール」と呼ばれたりするのはこのためである。

現代社会において、ラッセルのように、真実と虚偽とを峻《しゅん》別して、自己の信ずるところに向かって、生き抜く不屈の人間はまれなのではないだろうか。たしかに彼は例外的存在者である。しかしそれだけ、善いにつけ悪いにつけ、彼は人間として魅力を持っているのではないだろうか。私は、今世紀に生きるひとりの人間として、ほんの些末《さまつ》でもよい、ラッセルにあやかりたいと思う。彼の発言と行動の意味するものに少しでもよい、接近したいと思う。

もとより、ラッセル巨峰を征服しようなどという望外の望みなどは持っていない。しかし何とかして登頂を試みてみたい。私は装備を厳重にし、着々と歩みを進めてみよう。その峰の嶮しいところは、ピッケルを打ちこみ、ザイルを伝ってでも、できるかぎり登ってみようと思う。諸君たちとともに。登れば登るほど、その山容は明らかに、その展望はひらけてくることであろうから。

人間性の地平

人間は星を散りばめた天の子であるとともに、大地の子でもある。ラッセルは、われわれにとってはとても理解できないような偉大な思想家ではあるが、その彼の内面にあるものが、じつはきわめて優しい人間愛であり、せんさいな感受性であることを見逃してはならない。そして、ここにこそ、彼の人間としての秘密が存在しているのである。

人間はたしかに、宇宙全体からみれば、じつに微々たる存在である。しかしその微々たる人間は、逆に自分の心のなかにこの広大無辺なる宇宙を映し出す能力を持っているものである。ラッセルは、こうした能力を確信して、将来にはもっと想像や知識や共感のみなぎる人生の幸福が必ず訪れることを予言している。これが彼の人間尊重の考え方とむすびつき、人間性の信頼へと発展してゆく。彼が現代における貴重なるヒューマニストであることもそのためである。

そう考えるとき、われわれの容易にとどかざる雲上の巨峰は、一転してわれわれの眼前に広莫としてひろがる山裾として展開される。その意味で、われわれは、さきに登頂を試みたラッセルを、今度は人間性という地平に立ってとらえなおすことができる。どこまでも広がる裾野には、美しい花園もあり、緑の若草もあり、そしてまた清らかな渓流もあることであろう。われわれは、勇気を出して、この地平を踏破しよう。

ラッセルの文体はじつに論理明快であり、しかも内容の清新さは、読むものをして、ヨーロッパ文化全般をささえる素材にじかに触れることができるという感じを抱かせるものである。ここにわれわれは、人間としての共通の地盤であるヒューマニティを感得することができる。そして私は、諸君とともに、彼の著作や行動を通して、ラッセルと対話してゆこうと思うのである。

金子光男

目　次

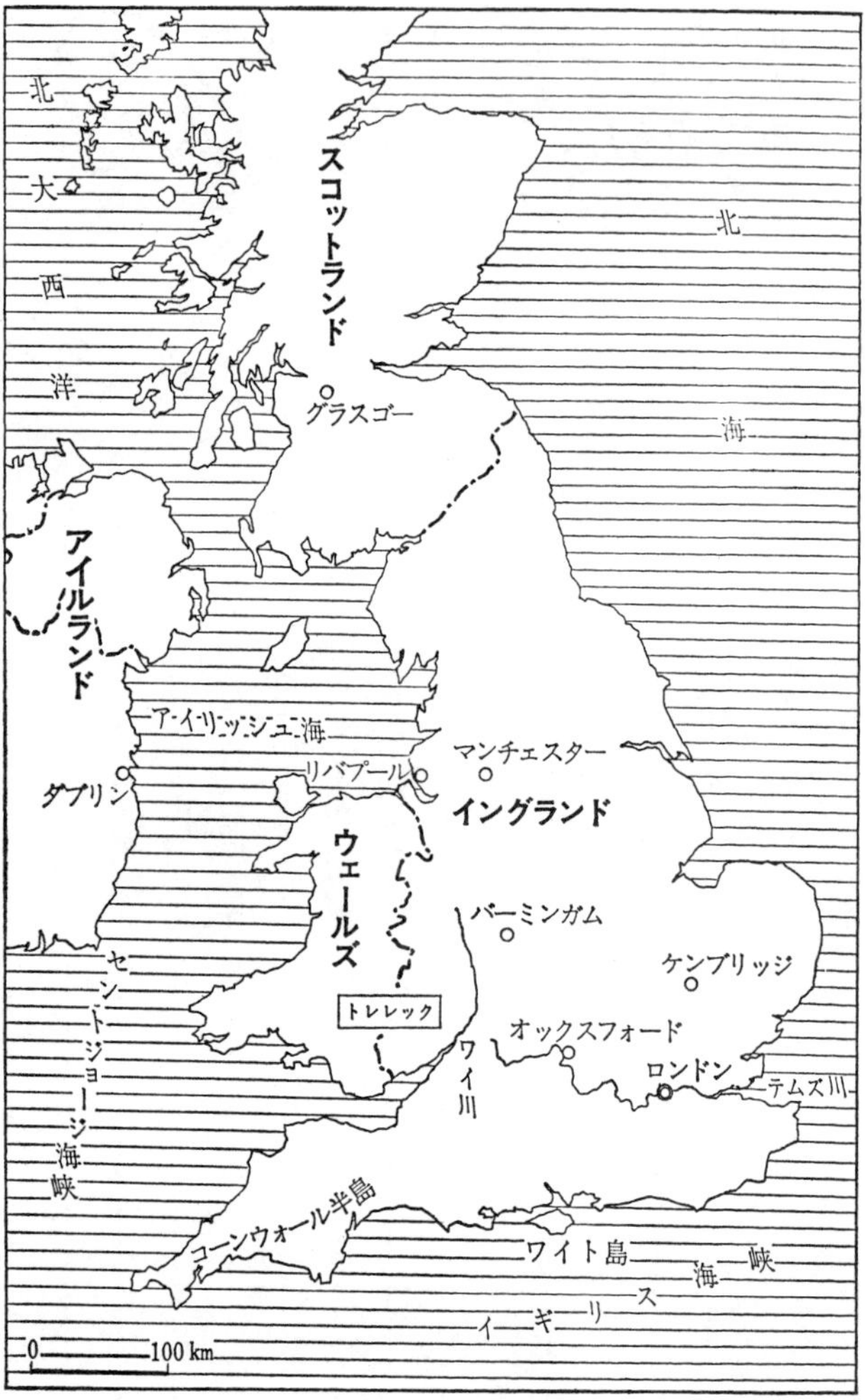

イギリス本土

ラッセルは，イギリスだけでなく，広く，ドイツ，ソビエト，中国，日本およびオーストラリアなどの世界各地に活動した。

I

孤独から希望への人間形成

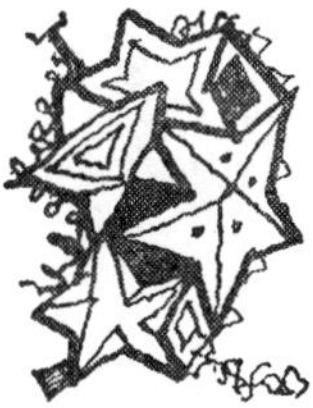

二〇世紀の巨人ラッセル

星座と思想

夏の夜空は、秋とはちがった美しさがある。とくに七月の夜空は、天の川と牽牛《けんぎゅう》・織女のロマンスも織りなして星が美しく輝く。夜の空は星で彩《いろ》どられる。しかもその無数に散りばめられた星には、大きいものも小さいものも、そして輝きの強いものも弱いものもある。あるいは、ただ自分だけで光るものもあり、星座をつくってみんなで光るものもある。

夜空を思想の世界にたとえるならば、星は思想家であり、「星座」はそれぞれの思想である。そこには「経験論星座」もあれば、「観念論星座」もある。また「実存主義星座」もあれば、「マルクス主義星座」もあり「プラグマティズム星座」もある。夜空の思想界はいろいろの星座と星とが、たがいに輝きあって、思想の美のシンフォニーをつくりだす。そのなかにあって、ひときわ大きく強く光り輝く巨星こそ、われわれの求めんとしているバートランド・ラッセルなのである。

このラッセル星は、すでに九〇余年ものあいだ夜空に光り輝いている。いまなおその光は衰えることなく。あたかも進路を示す北極星のように。星はその知性の光りで、人びとを正しい進路に向けさせ、その愛情の光りで、人びとを優しく抱擁してくれる。人びとは、その星におのれの人生を祈り、そして幸福を願う。思想家はまさに、「導びきの星」なのである。
その意味で、ラッセルもまた「導びきの星」である。ではラッセルはどのような星座のなかにはいっているのであろうか。それともどの星座にもはいらないで、単独に光り輝いているのであろうか。そしてまた、その光はどのような構成要素をもった光りなのであろうか。われわれはしらべてみよう。夜明けが近いのだから。

九五歳を迎えて
ラッセルは、一九六七年から、はじめて本格的な『自叙伝』を書きはじめ、すでに第一巻（一八七二〜一九一四年）、第二巻（一九一四〜一九四四年）、第三巻（一九四四〜一九六七年）が出版されている。その第一巻の巻頭に、彼は現在の妻エディス・フィンチに、次のことばを捧げている。

私は長いあいだ平和を求めてきた、
しかし私の見つけたものは
心を暗くするような混迷であり、
狂気であり、さびしさであり、
孤独の苦しさであった。

しかし私は年老いた人生の終わりに、
貴女を知ることができた。そして
あなたを知ってはじめて
私は喜悦と平和とを
ふたつながらみつけたのだ。

私は長い孤独の年月《としつき》のあとで、
休息がなんであるかを知っている、
生命や愛がなんであるかも。
いま私がもし眠ることができたならば、
きっと満ちたりて眠るであろう。

今年（一九六七年）の五月で満九五歳を迎えたラッセルの心境は、このエディスに捧げたわずかではあるが、心のこもったことばのなかに、そのままあらわされている。

ラッセルの長い人生は、まさに混迷と平安、孤独と希望とがそれぞれ交錯して、人間模様を織りなし、それが彼の人生の交響曲を奏でている。彼は人生をどのように捉《とら》えていたのであろうか。それを知ることが、そのまま彼の考え方や、行動の仕方や、さらにまた生き方を知るよすがとなるであろう。

ラッセルは、自分の人生を強く支配してきたものとして、愛情に憧れることと、知識を追求することとをあげ、ついで同情（ないし共感）を持つことをあげる。おもうに、知識と愛情とは、哲学を形成する基本的契機《けいき》である。その意味で、彼の人生はそのまま哲学的人生ということができよう。彼によれば、愛情は、人間の孤独を逃れさせ、忘我の状態をもたらせるものであり、また神秘的な色彩画のような形で、聖人や詩人が想像したような天上のヴィジョンを描くようなものである。

また知識は、人間の懐疑から出発し、物事の真実がどこにあるかを論理的に追求しようとする働きであり、自然や人間におけるもろもろの力が動いてゆく原理的な根拠を理解することのできるものである。これらは、いずれも人生にとってすばらしいものであり、それだけにラッセルは、愛情を憧憬し、知識を追求しようと願ったのであった。

しかもこの愛情と知識とは、できるかぎり人間を天上へ高く導いてゆく。しかし同時に人類の苦しみに対する同情が、人間を地上へ低く連れ戻してしまう。かつて、ゲーテが『ファウスト』のなかで、「人間は地に足を置き、手を天にのばして届かせんとして永遠に苦しみ悩む存在である」といった。人間はある意味

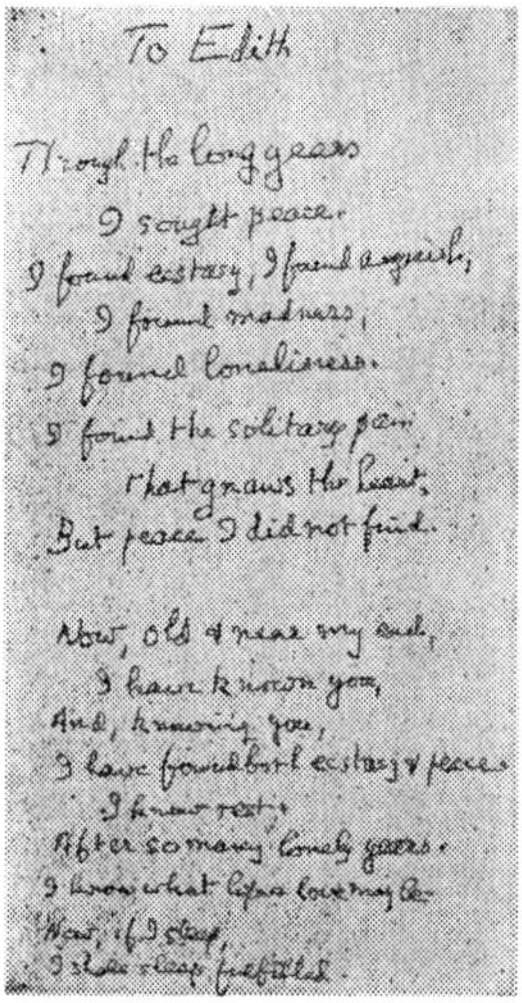
To Edith

Through the long years
I sought peace,
I found ecstasy, I found anguish,
I found madness,
I found loneliness.
I found the solitary pain
that gnaws the heart,
But peace I did not find.

Now, old & near my end,
I have known you,
And, knowing you,
I have found both ecstasy & peace,
I know rest,
After so many lonely years.
I know what life and love may be.
Now, if I sleep,
I shall sleep fulfilled.

エディスに捧ぐラッセルの文

で、ファウスト的要素とメフィストフェレス的要素とを兼ね備えて、もがくものなのかもしれない。そしてラッセルもまたこのファウスト的なもがきを、彼の長い人生のなかで体験してきたのである。

ラッセルは、その長い人生を通して、征服者によって責めさいなまれた犠牲者たち、かれらの子どもによって重い荷を背負わされた無力な年老いた人たち、そしてさびしさと貧しさと苦しみにみちた全世界、このような現代における悪事のかずかずを体験してきて、彼の懐疑と情熱とをもって、これを少しでも和らげようと努力してきた。いなおそらく、彼こそそのような努力を重ねてきた第一人者なのであろう。

彼は九五歳の人生を生きてきた。彼ほど普通の人間には到底できないようなりっぱな仕事をなしとげた人はいないであろう。それでもなお、彼は「私はとうとう何もできなかった」と告白している。しかしそれだからこそ、彼は「もし私にチャンスが与えられるならば、喜んでもう一度そのような生き方をしたいと思う」と述懐している。ここに、われわれは偉大なる人生の体験者として、常人の及ばざる完成者の心境を理解することができるのである。

彼は天才か狂人か　ラッセルは、イギリス貴族の生粋《きっすい》の伝統を受け継いだ哲学者として、一方では、民主的市民の典型として尊敬され、同時にまた他方では、何をしでかすかもわからない得体の知れない市民として恐れられてもいる。現代の思想家のなかで、彼ほどあらゆる点で、両極端の評価をされている人はいないであろう。

すなわち、彼の思想と行動に対して、双手をあげて賛成する人もいれば、眉をしかめて反対する人もいる。彼の性格と人となりについて、非常なる親近感をもって接する人もいれば、きわめて疎外《そがい》感をもって離れる人もいる。

ラッセルは、すでに述べたごとく、哲学や数学や論理学で人並みすぐれた業績をあげただけでなく、その他の広い範囲にわたって、驚嘆すべき活動をなしとげている。これは彼の努力もさることながら、ただそれだけでなく、生まれながらにして天分の才能に恵まれていたといわざるを得ない。こうした点からいえば、彼はたしかに天才である。

ラッセルの母の手記によると、彼はことばが話せるようになると、するどい質問を発しはじめた子どもであり、しかも生後わずか三日目に「頭をもたげて、じつに精力的に周囲を見まわした」ということである。あたかも、東洋の哲学者釈迦が生まれおちるや、ただちに三歩あるいて「天上天下唯我独尊《ゆいがどくそん》」といった故事に似ているではないか。たとえそれが事実でなかったにせよ、このことはラッセルが生まれながらにして天才であるということを物語っていよう。そしてこの天才的な要素は多分に遺伝によるところが大きいであろう。

彼の天才的な特殊な能力をしらべてみよう。まず、ラッセルは人並みすぐれてよい視力をもっており、どんなに多く本を読んでも眼の疲れや頭痛をおぼえることがない。しかし、もっと特異なことは、彼は耳で仕事をするということである。彼の記憶は紙の上の活字を通してよりは、話しことばの発音によってはたら

ラッセル自画像

く。これは彼がよく人に本を朗読してもらっていることからも明らかである。

このような天才的な能力をもったラッセルは、その発言と行動においても、彼の独特のあり方を示している。それは自分がこうと思ったことは、相手がどのように考えていようとも、勝手に振舞うことが多い。また他人がどのような発言をしても、自分が気に入らなければ、呵責《かしゃく》なく皮肉をいい、決して妥協的態度をとろうとはしない。そのため相手の感情を害することもあり、またいろいろと物議をかもすこともある。こうした観点からいえば、彼は常識的な人間というよりは、むしろ常識を疑われるようなわからず屋である。

このような常識を疑われるような発言と行動は、いろいろなところにあらわれている。たとえば、いまある事柄を肯定しても、そのことばのかわかないうちに否定したりして、論理的に矛盾するようなことを、ときどきすることがある。新しい道徳価値を確立しようとすると、過去の既成道徳観念を片端しからやっつけてしまう。また自由と平和をよりどころとするという確信のもとに、これに叛逆するものはすべて排撃してしまう。すなわちエジプトに出兵したイギリスを非難し、ファッシズム下のドイツを憎悪し、さらにまた現在は、ベトナムを攻撃しているアメリカを非難し、それを全米にむけて放送したりする。アメリカは、彼のためにすっかり面目をつぶされて憤激し、ラッセルを気が狂ったのではないかといっている。かれらには、ラッセルの姿は狂人としてうつるのである。

ラッセルは、はたして天才なのか、狂人なのか。常識人なのか、非凡人なのか。よく「天才と狂人とは紙一重だ」といわれる。ある面からみれば天才的な人間は、他の面からみれば狂人的な人間なのかも知れない。天才と狂人とはもとより正反対である。しかしどちらも平凡な普通人でないということは共通している。ラッセルは、目下ウェールズの片田舎に引きこもって、(ときどきロンドン邸へ出てくる)各国の首脳部やロンドン・タイムス紙に、秘書を通して書簡を送らせ、放送準備や面会者の対談やまた執筆などに専念している。

彼の仕事は、これからますます多彩な色どりを増すことであろう。そして彼はこれからも人間の知恵を信頼し、愚かな行為を憎悪し、世界の秩序と平和を確立するために、他人からどのように非難され、悪口をいわれようとも、あらゆるエネルギーをそそぐことであろう。彼が天才であるのか、それとも狂人であるのかは、この本を読んだうえで、諸君によって決めてもらおうではないか。

イギリス社会とラッセル家の伝統

反動から自由へ　われわれは、まずラッセルの生まれてくるまでのイギリスが、どのような社会的、歴史的背景を持っていたかということ、そして伝統あるラッセル家が、どのような栄光を荷っていたかということをしらべてみよう。

イギリスは、世界のうちでもっとも伝統を誇っている古い国であり、近代市民社会を一番早く成立させた先進国でもある。イギリスはラッセルの生まれる以前、すなわち一八世紀にあっては、他のヨーロッパ諸国と比べて、まず他人の自由が認められており、政治に対する議会の支配が確立していた。つまり、簡単にいえば、民主主義が進んでいたのであった。

しかし、それでもなお産業革命後の一九世紀の状態に比較すれば、はなはだしく貴族的な性格を持っていた。当時ヨーロッパにおいて、フランスをはじめとして、ドイツ、イタリア、スペインなどの宮廷を中心とする貴族的な文化の普及という状態が、ある程度イギリスにもあらわれていた。しかしこうした社会の状態は、産業革命によって、しだいに変化していくこととなる。

ところが、大陸ではイギリスの産業革命の進行中に、フランス大革命が勃発し、これにつづいたナポレオン戦争は、イギリスの民衆に大きな影響を与えた。そして急進主義的な運動が起こってきたのであるが、政府はこれに脅威を感じて、弾圧政策をもって応え、一七九三年の対仏戦争の突発とともに、イギリスは保守的態度をとり、それから少なくとも七〜八年間は反動時代を迎えたのである。しかし、一八一五年の穀物法案が成立し、国内の地主の利益は擁護されたが、労働者は高い穀物の価格に悩まされ、改革を求める声が強くなってきた。そして二〇年以後からは、政府のこの反動的な勢力が弱くなり、しだいに自由主義的な傾向が強くなって、新しい社会を形成しようとする気運が高まってきた。

イギリスの国会議事堂

　さて、当時のイギリスの政党は、一七世紀の終わりごろから、すでにトーリー党とウィッグ党という二つに分かれてたがいに対立していた。トーリーとは、アイルランドの無頼漢や追はぎという意味で、ウィッグとは、スコットランドの西部に起こった熱狂的な一揆《き》の意味であって、これらはたがいに相手方を嘲笑《ちょうしょう》して呼んだ名前であった。そしてこの両党は、性格からいうと、トーリー党が保守的な政党で、地主階級を地盤とし、ウィッグ党が自由主義の急進的な政党で、商人階級を地盤としていた。そのため、前者は国内の改善を、後者は対外政策を主張していたのである。

　一七六〇年ころから一八三〇年までは、トーリー党が政権を独占していたが、二〇年以後は、トーリー党内においても、カニングのような自由主義派の勢力があらわれて、自由主義的な政策を実施するようになった。そして二九年にトーリー党は分裂し、翌三〇年にホイッグ党のグレーが内閣を組織した。かくてウィッグ党は新しい時代の先端に立つことになった。ちょうどこの一八三〇年に、ウィッグ党は「自由党」と改称された。（あとでトーリー党も「保守党」と改称される）グレーは内閣を担当してから、非常な熱心さで改革運動に乗り出し、いよいよ懸案の選挙法の改正問題を取りあげる決意をした。

改正前の選挙法においては、選挙資格がはなはだしく制限され、選挙区制度も不合理きわまるもので、地主や貴族の議会支配を可能にするものであった。しかし、産業革命の結果、近代市民層（いわゆる近代ブルジョアジー）がしだいに発達し、これまでの選挙制度では時代おくれとなってしまった。そしてこの「選挙法改正案」は、何度も反対にあいながら、ウィッグ党が中心となって、ついに一八三二年六月に上院と下院の両方を通過し成立をみた。これは中流以上の人びとに選挙権を与え、新興商工都市を選挙区とした画期的な改革で、イギリスはこの年から保守主義の時代を去って、自由主義の時代に入り、地主支配の時代からブルジョア支配の時代に入ったのである。

この選挙法改正にもっとも貢献した政治家が、わがバートランド・ラッセルの祖父であったジョン・ラッセルなのであり、これからちょうど四〇年たってから、バートランド・ラッセルが生まれることになるのである。

改革の時代の訪れ　イギリスでは、一八三二年の「選挙法改正」が行なわれて以来、つぎつぎと種々の改革案が議会を通過することになる。

まず奴隷制が廃止され、ついで「工場法」が改正されて、幼児労働の禁止、少年労働の時間制限、工場管理官の設置および工場設備などが改善されたりした。さらに「救貧法」が改正されて、貧民の独立自尊の精神を鼓舞して、自分たちでもしっかりやれば生活できるという気持ちをおこさせた。なお地方自治体の保障とか、郵便制度の整備なども行なわれた。

このなかでもとくに重要なものは「穀物法」の廃止である。この穀物法は、一八一五年に制定されたもので、外国から輸入される穀物に対して関税を課するものであった。しかしこれは労働者の生活費が高くなり、これに賃金を支払う資本家は、この法律を廃止して、外国から安い穀物が自由に輸入できるようにしたいと考えた。この立場を代表するマンチェスター派の人びとは、コブデン、ブライトらを中心として「反穀物法同盟」を組織し、活発な反対運動を展開した。そして、ついに一八四六年にこの法案は廃止されることになり、これを転機として自由貿易政策が全面的に施行されることとなった。こう考えてくると、この時期は、まさに自由主義へのよき改革の時代であったということができよう。

ところで、イギリスは、このように自由主義へむかって、すべてが改革され進歩していたのであり、これはとくに労働者たちの団結を固め、自分たちの境遇を改善するために政治運動に前進し、有名な「チャーティスト」の運動を起こすこととなった。かれらは、一八三二年の選挙法の改正における選挙権が、国民の中流以上にしか与えられていなかったことをみて、ふたたび労働運動をはじめたわけである。かれらは、選挙その他の要求をかかげた「人民憲章」を作成して、労働者の権利を主張し、これから前述したチャーティスト運動が起こったのである。しかしこの運動は、四八年の大示威運動をさいごとして、政府当局より徹底的な弾圧を受け、そのためついに実を結ぶことなく終わってしまった。

しかしこの運動は決してむだではなかった。一八五〇年以後になって、労働者は新しく労働組合を組織し、社会の知識程度の向上とあいまって、保守党のディスレリーは、みずから改革案を提出して、六七年、ついに第二回の「選挙法改正」が成立した。この改正で労働者も選挙権を与えられ、さらに八四年の第三回の改正では、農業労働者や鉱山労働者にも選挙権が拡張されることになった。そして、七一年には「労働組合法」も制定され、組合運動は合法的基礎のうえにいっそう発展しうることとなった。

一九世紀後半のイギリスでは、自由党のグラッドストーン内閣が成立し、ブライト、チェンバレンなどの急進主義者は、国内の自由主義的改革に熱意を示し、教育制度、軍制、司法制度などについて画期的な改革を行なうことになる。それのみならず改革の嵐は、アイルランド問題についても吹きまくり、国教制度の廃止、土地法の制定なども行なわれるにいたった。とくに重要なものは、一八七〇年の「教育法の制定」である。これまで教育は私立学校にまかされていたので、当時のイギリスの子どもの半分は教育を受けなかったといわれる。しかしケンブリッジ、オックスフォードがすべてのものに開放され、庶民の教育の普及化と社会の民主化に大いに役立つことになった。

このような教育上の諸改革が行なわれ、教育法が改正された翌々年に、ラッセルが誕生することになったのである。

労働党の結成とフェビアン協会　チャーティスト運動が終熄《そく》して、急進的な労働運動が一時影をひそめた一八五〇年から一八七〇年にかけての時代は、イギリスの資本主義がもっとも繁栄した時代である。この一九世紀後半から、イギリスは、じつは自由主義の時代から帝国主義の時代へと進みつつあった。

当時イギリスは「世界の工場」とよばれ、その工業製品は世界市場を独占的に支配していた。こうした産業経済の発展によって、イギリスの獲得する利益の大部分は、資本家たちの手に入ることになった。もとより労働者たちも組合運動を通してその余沢《よたく》に浴することはできたが、何といってもそれは全労働者の一部にすぎなかった。そして一九世紀末の不況の到来とともに、新しい労働組合の結成が進み、また社会主義運動もあらわれてきた。これらが労働党成立の有力なる地盤となってゆくのである。

しかしイギリスでは、マルクス主義の立場にたつ「社会民主連盟」は大衆の支持を受けなかった。そのかわり、シドニー・ウェッブとバーナード・ショーの指導する「フェビアン協会」は、イギリス独自の社会主義思想を案出し、大きな成果を生むこととなった。ではこのイギリス労働党に指導的理念を与えることになった「フェビアン協会」というのは、どんなものであったろうか。

そもそもフェビアンという名称は、ローマの名将ファビウスにちなんだものである。彼は第二次ポエニ戦役のさい、決戦を避け、ゲリラ戦を展開し、この持久戦が功を奏して、カルタゴの勇将ハンニバルを破り、「待機将軍《たいき》」の異名をとった。このフェビアンということばは、このように、「忍耐強く時機の到来を待ち、好機いたらば果敢に攻撃せよ。しからざれば、待機は水泡と化すべし」というモットーをあらわしているのである。

このフェビアン協会の思想は、自由主義の原則をみとめ、イギリス伝統の功利主義倫理と結びついたもので、イギリスの民主主義を基盤とした社会主義思想であった。坑夫組合出身のハーディは、一八九三年に、独立労働党を結成し、フェビアン協会の思想をもって労働者階級に呼びかけた。一九〇〇年、労働組合と社会主義団体の代表が会合して、労働代表委員会を組織し、これが一九〇六年「労働党」と改名し、洋々たる発展のいとぐちをつくることとなる。ときの自由党内閣は、さかんに労働者の信頼をつなごうとして、「労働争議法」「養老年金法」および「国民保険法」などを制定した。これらこそ、イギリスの社会保障制度の先駆をなすものである。

このようにしてできた労働党が、その後二〇年ないし三〇年後に、自由党と並んで、イギリスの二大政党の一つになろうとは、だれが予想することができたであろうか。ラッセルの倫理思想が、功利主義の流れを汲み、その社会思想がウェッブやショーなどと関連していることを考えるとき、すでにラッセルの思想の社会的背景が、ここに存在していたということが理解されるのである。

ラッセルは、その『自伝的回想』（一九五六年）のなかの、思い出す人びととして、ウェッブやショーをあげている。そしてそのなかで、彼は次のようにいっている。「かれらが存在しなかったならば、イギリス労働党は、もっとずっと波瀾《らん》に富んだものであったろう。——またかれらがいなければ、イギリス民主主義は、われわれが通りつつあるつらい年月を、同じ忍耐をもってしのんでこられたかどうか疑わしいものである」と。

ラッセル家と政治のきづな

イギリスの社会的、歴史的発展は、自由主義の時代から帝国主義の時代へという推移において考えられる。ラッセルは、ちょうど、この自由主義の時代から帝国主義の時代へと転換してゆこうとするときに生まれたのである。こうしたことから考えてみると、ラッセルは誕生したときから、すでに歴史的な重要性を宿命的に背負っていたといえるのではないだろうか。

議会民主主義を代表するウェストミンスター

イギリスは、世界において伝統を誇る国である。議会民主主義もイギリスが模範であって、「ウェストミンスター」ということばで代表されているくらいである。（ウェストミンスターとは、イギリス二九区の一つで、バッキンガム宮殿やウェストミンスター寺院さらにビッグ・ベンの時計塔の威容を誇る国会議事堂などの、政治・宗教上の建物の集まっている地区である）そしてイギリスは、ヨーロッパの諸国が、それぞれ同盟を結んで勢力の拡張をはかっていたとき、どちらの陣営にも組しないで、「光栄ある孤立」を唱えていた。こうした栄光を誇るイギリスにあって、ラッセル家もまたその名門としての栄光を保持していたのである。

ラッセル家は、ヘンリー八世以来の古い名門である。三代前にさかのぼってしらべてみよう。三代前は、第六代ベッドフォード公爵であり、この人はトリングトン子爵の娘と結婚していた。この夫妻の三男がジョン・ラッセル卿（バートランド・ラッセルの祖父にあたる）である。この祖父ジョン・ラッセルは、ヴィクトリア朝時代の進歩的な政治家であって、イギリスにおける歴史上著名な人物であり、後年初代ラッセル伯爵の称号を受けた人であった。またこの祖父の夫人は、ミント伯爵の娘であって、この夫人とのあいだに生まれたのが、アンバーレー子爵という名誉称号をもらった人である。そしてこの人は、スタンレー卿の娘のケイト・スタンレーと結婚した。

このアンバーレー夫妻の長男が、フランク・ラッセルであり、その次が女の子でレイチェル・ラッセルといい、末子がわれらのバートランド・ラッセルなのである。このようにしらべてみると、ラッセル家は代々イギリスの名門の出身で、平民の血が全然はいっていないということが理解できるであろう。（以後しばらく、ラッセルを、ラッセル家の他の人びとと区別するために、バートランドと呼ぶことにする。）

さて、われわれは、ラッセル家を代表するバートランドの祖父、ジョン・ラッセルについて、その政治的からみあいを眺めてみよう。

祖父のジョン・ラッセルは、フランス革命の進行中の一七九二年に生まれた。彼はナポレオンがまだフランスの皇帝だったときに国会の議員であり、イギリスの進歩的政治家フォックス配下のホイッグ党員として活躍した。彼はフランス革命とナポレオンに対するイギリスの敵意を行き過ぎであると考えて、エルバに流刑されたナポレオンを訪問した。ナポレオンがエルバから帰ったときも、祖父は彼に敵対すべきでないという演説を行なったりした。

祖父の最大の業績は、イギリスを完全な民主主義への軌道にのせた一八三二年の「選挙法改正案」を通過させたことであった。この功績によって、彼は一八四六〜四八年のメキシコ戦争や、一八四八年の革命期には首相をつとめ、イギリスを革命から救って平和的な勝利へとみちびいたのである。この祖父の自由主義は、彼の先祖が重大な役割を演じた一六八八年の名誉革命の特徴をうけついでいたのである。

祖父の長男アンバーレー子爵（バートランドの父）は、三三歳の若さで死に、次男ウイリアムも不治の病気にかかっていたので、ラッセル家における政治的使命を担うものは、必然的に祖父からみれば孫になるフランクとバートランドということになった。政治はラッセル家の慣習的な職業で、他の職業を考えることは光栄ある祖先に対する裏切りとみなされていた。したがって、バートランドに対しても、アイルランドの大臣のモーリーは、重要な政治的地位を提供し、またパリのイギリス大使のダッフェリン卿は、大使館の仕事をくれたりした。家族もあらゆる方法でバートランドに圧力をかけて、政治家にしようとした。

しかし当のバートランドは、その頃から誘惑を感じていた哲学と、宿命としての政治とどちらを選ぶべきかに迷いながらも、ついに哲学に志を立てることにきめたのである。しかしながら政治家を離れ、哲学を志したとはいいながらも、のちに総選挙に立候補したり、第一次世界大戦以後は、彼の関心は政治にむかい、そして平和運動という形を通して、現代もっとも政治的活動を展開しているということを考えるとき、やはりラッセル家と政治的結びつきは、伝統的宿命であるということができるであろう。

貴族のレッテル

ラッセル家は、いままでみてきたようにヴィクトリア朝時代でのイギリスの最盛期における屈指の名門であった。そしてイギリスという国自体が、非常に社会的地位や身分的差別を重要視する国であり、そのなかで、ラッセル家が貴族という特権的な地位を伝統的に持っていたということは、ラッセル家の人びとは、当然ヨーロッパの民主主義と自由主義とにもとづいて、これを世界に普及することが、自分たちの社会的使命であると考えざるを得なかったということである。

貴族としてのレッテル、これこそ祖父以来、バートランドに至るまでの伝統であって、こうした環境がバートランドをして、ひとり孤高を堅持するとともに、楽天的な気質をもたせ、どこまでも誠実に生きようとする心情を形成した。そしてただそれだけでなく、貴族や特権階級を尊重するというイギリスの伝統的慣習が、彼をして自由勝手な発言と振舞いとを認め、どんな苦難や不幸のさなかにあっても、彼自身をして自信を持たせる結果となっていったのである。

そしてまた自由主義をもってみずから任じ、伝統的習俗を批判し、庶民のなかに生きようと努力した彼ではあったが、やはり彼の心のどこかに「おれは貴族的改革者だ」という気持を完全にぬぐいとることはできなかったのではないだろうか。そして彼はもとより彼自身偉大な人物であるということは事実ではあるが、同時に彼がイギリスきっての貴族であるということが、今日の偉大さを倍加したのではないだろうか。

かつて祖父ジョン・ラッセルが住んでいたロンドン郊外のリッチモンド公園の中央にある家で、しばしば会合が行なわれた。その多くの知名人のなかで、あるときペルシァ王がきた。そのとき祖父が家の狭いことを弁解したけれども、王はていねいに「そうですね、家は小さいけれども、偉大な人がはいっていますね」といったということである。またヴィクトリア女王も、各国の外交官も訪ねてきたといわれており、このことからもラッセル家の貴族としての伝統がよくうかがえる。バートランドが、ギリシァ風の古典的なヒューマニズムを持つとともに、古きイギリスに対する懐古的趣味を持っているのもこのためである。

強い伝統の雰囲気のなかで育った人にとっては、現在の世界に適合することはなかなか困難である。この困難を自覚すれば、長年のあいだ存続してきた過去と現在のりっぱな制度も一掃されうるということも理解することができる。バートランドはいっている。「われわれの時代は、多くのものに困惑をもたらしたが、同時に新しい思想と新しい想像力の可能な人たちには、おそらくみのりの多い挑戦を提供しているのである」と。

人間を形成し、思想を確立するものは、たしかにその人をめぐる伝統と環境である。バートランドは、このような光栄ある伝統と恵まれた環境のなかで育てられたのであって、こうしてイギリスの自由主義と民主主義を堅持する代表的な知性となってゆく土台が作られていったのである。

ラッセル家の系図

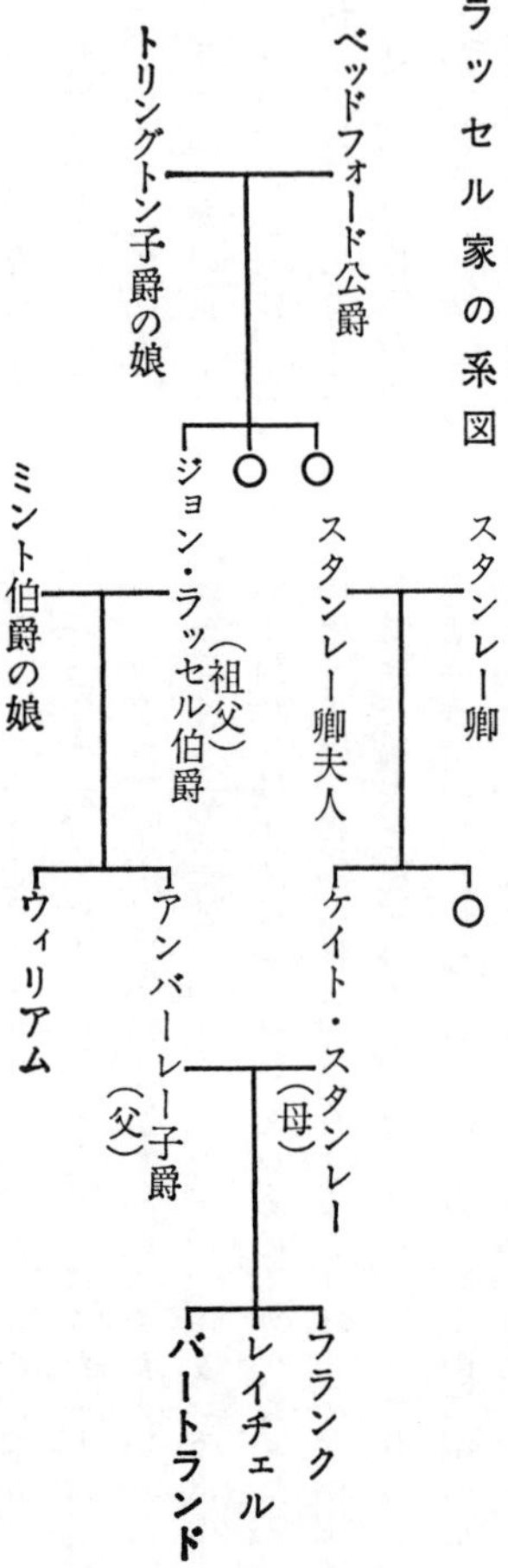

孤独な少年時代の悩み

バートランド孤児となる　バートランド・ラッセル（これからは、ただラッセルと呼ぶ）は、一八七二年の青葉かおる五月一八日、ウェールズのトレレック、イングランドの南西部を流れるワイ川の近くの家で呱々《ここ》の声をあげた。巨星ラッセルの誕生である。

この子は丸々と太った大きな子で、とても元気で筋骨たくましい子であった。彼の祖母は、「本当に陽気でおもしろい子」といい、彼の叔父ウイリアム・ラッセルも、「この子の顔にはいつも微笑が絶えなかった」と記している。このことは、成人してからのラッセルが、あのようなやせた弱々しそうな体つきであることを思うと意外な感じがする。しかし彼が現在のように長寿を保ちつつ、なお精力的に活動しているという健康体をみるとき、すでにこの元気さが約束されていたのである。

しかし、ラッセルのまだ年若い両親に非運がおとずれ、その後この子の少年時代に暗い影が落されることになる。彼の両親アンバーレー子爵夫妻がともに短命であったからである。ラッセルが生まれた翌年、父が病気となった。その次の年に叔父のウイリアムが発狂した。そして今度は、兄のフランクがジフテリアにかかった。フランクは丈夫なたちだったのですぐに直ったが、姉のレイチェルにうつり、それを看病した母に

感染して、ついに母と姉とはこの世を去ってしまった。（ラッセルは近所の農場へあずけられ感染をまぬがれた）

そして父もそれからわずか一八か月ほどのちに、そのあとを追うように病気のために死んでしまった。父は臨終のとき、医師の抱きあげたラッセルにやさしくキスして、「可愛いい子どもよ、さようなら」といって別れを告げたといわれている。このとき、フランクは一〇歳、ラッセルはまだ三歳であった。かくして、フランクとラッセルの幼い兄弟は、孤児という悲しい運命をになったのである。

父のアンバーレーは、徹底した自由思想家であったので、自分の二人の息子のために二人の無神論者を後見人として指定する遺言を書いておいたが、親族会議の結果これはみとめられず、幼い兄弟は祖父母のもとで養育されることとなった。この祖父こそ、すでに述べた有名なジョン・ラッセル卿であった。祖父母はロンドンの郊外リッチモンド公園の中央にあるペンブローク・ロッジというところの邸宅に住んでいた。この邸宅は、祖父母が一生涯を送るものとして、彼の政治的業績に対してヴィクトリア女王から賜わったものであった。

祖父はイギリスに民主主義を確立し、あの「選挙法改正」において指導的役割を果たしていたのであったが、同時に他の自由主義者と同じように、イタリアをロマンチックに愛しており、イタリアの統一運動にも深い理解と奉仕とを寄せていた。そのためイタリア政府は、彼の奉仕に対して記念品として大立像を送ってきた。この立像はいつも祖父の居間にあって、ラッセルの興味をひいたという。

しかし祖父は、このときすでに八三歳で、肉体的にも大部弱っており、日光浴用の椅子に乗せられて運ばれていた。祖父は公的の生活ではしばしば冷酷さを示していたが、家庭にあっては暖かく愛情に富み、子どもも好きで、子どもたちが騒いでも全然気にしなかった。彼はまた語学が堪能で、原文のドン・キホーテを読んでよく笑っていたという。その祖父も、ラッセルがこのロッジへ移ってから二年後に他界した。ラッセルはこの祖父についておぼろげな記憶しか残っていないといっている。

祖父の死後、兄のフランクが爵位を継承して、第二代ラッセル伯爵となった。

ペンブロークの庭に立って

ラッセルは、三歳から一八歳までの一五年間を、このペンブロークの祖父母の家で過ごした。

4歳当時のラッセル

ペンブロークにおけるラッセル兄弟の養育に対して、大きな影響を及ぼしたのは祖母のレイディ・ラッセルであった。祖母はスコットランド長老教会派の家柄の出身であって、清教徒的な厳格さをもっていた。しかしまた陽気なことを楽しむ心も持っていて、祖父よりもずっと急進的な考え方をしていた。ここでラッセルは兄とともに、愛情にみちた、しかもきびしい家風のもとで育てられたのである。

ペンブローク・ロッジの家族構成は、このほかに年中白いショールと黒いスリッパを離さなかった叔母アガサと、小男で内気で社交的には地味だった叔父ロロとが含まれていた。叔父は科学に興味を持っており、ラッセルの科学に対する関心を最初に呼びおこした人物はこの叔父であった。とにかくこうして、ラッセルのペンブロークでの生活が始まったのであるが、このペンブロークでの雰囲気は、古風なボストンの雰囲気とまったく同じであったようである。

さて、ではラッセルは、この祖母からどのような精神的な影響を受けたのであろうか。ラッセルは一二歳の誕生日に、祖母から聖書をもらった。その扉には、「群衆のなす悪事に隠遁《いんとん》するなかれ」（別のことばでいえば、「自ら省みて正しければ、千万人といえどもわれ行かん」ということである）という句が記されていた。彼はこの聖書を今でもたいせつに持っており、このことばから受けた感銘は、彼の生涯に大きな影響を与えたのであった。彼の成長してからの発言と行動を考えるとき、祖母の心と聖書の扉の句とは、そのまま彼のなかに生きているのである。

祖母は、ただ清教徒であるだけでなく、急進的な自由主義者であって、アイルランドの独立を支持し、イギリスの帝国主義政策に反対したりして、人びとから「手ごわい御台所」と恐れられていた。そのためドイツやスイスの婦人が代わる代わる家庭教師としてやとわれてきた。ラッセルが子どものときから、英語と同時にドイツ語を覚えることができたのはこのためである。

ラッセルは、だんだん成長するにつれて、亡母の実家スタンレー家とも接触するようになった。亡父の方のラッセル家の人びとが学究的な内向型であるのに対して、スタンレー家の人びとは、活動的な外向型であ

ペンブローク・ロッジの邸宅

った。そして兄フランクはどちらかというと、スタンレー家の気質を受けついでいたので、ペンブローク・ロッジの閉鎖的な雰囲気に反対し、祖母たちを強硬に説得して、ここから出て寄宿学校へ行ってしまった。この点でフランクは、父方のラッセル家の気質を受けついだラッセルとは「うまが合わなかった」といえよう。フランクはよく弟をこきおろして、「バーティ（バートランドのことをこう呼んだ）は、おとなしくて鼻もちのならない気取り屋だ」といっていた。

ラッセルは、広いペンブローク・ロッジの庭園をひとりで散歩した。彼は祖母から受けた清教徒的教育によって、自分自身の罪や愚かしさについて瞑想する習慣を持つようになっていた。しかも同じ年頃の友人がいないために、無口で内気な少年として成長していった。いうならば、「ペンブロークの幼い隠遁者」であった。しかし彼はただ幼い隠遁者として成長していっただけではない。彼は庭園をひとりで徘徊《はいかい》しながら、その頭のなかは想像と思索とで一杯であった。それは信仰に対する疑問であった。「この世界のなかには、絶対的に確実な知識がきっとあるに違いない」、彼はそう信じていた。彼はペンブロークの庭に立ち、きれいな芝生に横になって、絶対的に確実な知識は何であろうかと考えた。ちょうと、バルザックが、「絶対の探究」

祖母レィディ伯爵夫人

に努力したように。ラッセルは、かくて「ペンブロークの幼い探究者」でもあったのである。

しかしまた少年ラッセルは、このような「隠遁者」と「探究者」の面だけを持っていたというわけではない。内気さと孤独さとを除けば、普通の少年と同じである。ただ彼にはいつもいっしょになって遊びまわる友だちがいなかったからである。そこで祖母は、彼になんとかよい友だちをみつけてやろうと努力した。その頃このペンブロークにひとりの少年が滞在していて、この少年とラッセルとは仲よしになり、ふたりは木登りやブランコ遊びや、リッチモンド公園の植林地での追いかけっこなどをやった。ラッセルは生来いたずらと冒険が好きであった。じつにこのペンブローク・ロッジでの生活は、孤独なラッセルの少年時代を記念する生活であった。

この邸宅の一部は、今日では建設省の手で旅行者や公園の散歩者のための喫茶室に改造されてしまって、そのころを偲《しの》ぶ面影はない。しかし大成した現在の老哲学者ラッセルの瞼《まぶた》のなかには、きっとこのペンブロークの庭のたたずまいは焼きついて離れないであろう。

確実な知識を求めて

ラッセルの確実な知識に対する憧れは、すでに子どものときから始まっていた。彼が五歳のとき、地球が円いときかされて、それを信ずることができず、地面に穴を掘って、本当にオーストラリアに出られるかどうか確かめようとした。

彼のこの絶対的に確実な知識への追求は、やがて数学へ向かっていった。彼ははじめは掛算表（日本の九九表にあたる）を覚えるのが泣くほど苦労であったし、代数がわからなくてひどく嫌いであった。彼は代数で出てくるXやYが本当は何であるのかがわからなかった。われわれは、かつてこんなことを知っている。それは自然科学者エジソンが、子どものときに、2＋2＝4がどうしてそうなるのかがわからなくて、担任の教師に質問して困らせたということを。ラッセルとよく似た話である。

さてラッセルと数学との直接的な出合いは、一八八三年彼が一一歳のときである。それはまたペンブローク・ロッジにいっしょにいた兄フランクが、彼に「ユークリッド幾何学」（いわゆる初等幾何学のこと）を教えたときからであった。幾何学の出発点は、それ自体は証明できない公理であって、それから諸定理が派生的に作られてゆく。ラッセルは、このそれ自体証明されないで、ただ信用するしかない諸公理にぶつかり、憤慨した面持《おももち》で、兄に「証明できないなら、なぜこんなことを承認しなければならないのか」とたずねた。兄は、「だけど嫌なら先へ進めないぞ」と答え、ラッセルは仕方なく一応公理を承認することにした。このような疑問はあったけれども、ふだんはまだ知らない答ができるかも知れないと考えて、数学に非常な喜びを見出していた。

こうしたラッセルの数学との出合いをさらに強化したものは、彼が一八歳になったとき、亡父の親友であったJ・S・ミルの書いたものを読むことによってであった。ミルは、イギリス経験主義哲学の主唱者である。経験主義哲学は、すべての知識は経験によるものであるという立場にたつ。そこで問題なのは、絶対的に確実な知識は、経験にもとづくものなのであろうか、それとも経験を越えた先験的（ア・プリオリ）な真理なのであろうかということである。ラッセルは、その社会思想に関しては、ミルの影響は恒久的であった。しかし彼は、ミルの『論理学』をしらべて、ミルが数学の諸命題の基礎ないし知識は、経験にもとづくものであるとする見解にどうしても満足できなかった。

すなわち、数学上の基本である2＋2＝4という真理は、「経験的な知識」なのか、それとも「絶対的な真理」なのか、これが問題なのであって、彼が少年時代に、ペンブロークの庭園での孤独な散策において自問しつづけた問題なのであった。こうした疑問にもとづいて、ラッセルは、これから論理学に着手し、また数学のもっとも基本的なことがらである数学基礎論などに関心をいだき、それが彼の今後の生活を支配するのである。

孤独に堪《た》える

ラッセルの知識追究の意欲は、数学だけでなく、歴史や文学へと発展してゆく。それは祖父ジョンの書庫にあった蔵書によるものであった。彼はひまがあれば書庫へ入って、歴史書から文学書にわたってむさぼるように読みふけった。

文学的教育を身につけるのに、これくらい条件のそろった環境はなかったであろう。彼は、バイロンやテニソンをはじめ、多くのイギリス詩人の作品を好んで読んだが、とくにシェレーを発見してその喜びは倍加した。シェレーの初期のロマンティックな詩「アラスター」を初めて読んだとき、彼は眼のあたりに回想してこういっている。「読むにつれ、世界が私から去ってゆくように感じた。……私は自分がどこにいるかを忘れてしまった」と。後年のラッセルの驚くべき博識の基礎は、この少年時代の読書に負うところが多いということができよう。

ラッセルの博識の基礎として、もうひとつ科学に関心を持っていたロロ叔父の影響をあげなければならない。ロロ叔父は、聖書の詩編の韻律《いんりつ》をまねて、神を讃える讃美歌を書き、ひしめき合う原子だとか、宇宙に音信を伝えるエーテルだとかいう科学の話題をそのなかに盛り込んだりしていた。科学と宗教とを結びつけた、いわゆる『今様讃美歌』を作成したわけである。したがって、叔父の立場は、科学的決定論と宗教的な自由意志とが両立できるとし、「いかなるものでも宇宙のすみずみまで神のことばに背くものはない」と考えていた。しかしラッセルは、この考え方に同意しなかった。生命あるものも、自然科学の法則の支配を受けるものであり、人間の行動も予測することができると考えた。のちにこの考えはさらに徹底して、ついに神への信仰を全面的に棄てるにいたるのである。

ラッセルの少年時代は、たしかに孤独であった。祖母や叔父夫妻はいたとはいえ、両親はなく兄とは離れ、同じ年頃の友だちと遊ぶ機会にも恵まれず、子ども心としてのいろいろの問題を相談する人とてだれもいなかった。それに普通の学校へはいかないで、ずっと家庭教師を通しての学習であったから、したがって、彼は平凡な人間的愛情を求めながらもそれは与えられず、普通の人間がどういうものであるかということについてさえも理解できなかった。もしも姉のレイチェルが、夭折《ようせつ》しなかったならば、姉の愛情を受けて成長し、彼の人間的性格は別のものになっていたかもしれない。彼はいやでもこの孤独に堪えて生きなければならなかったのである。

しかし少年ラッセルは、よくこの孤独に堪えることができた。そしてまた彼の場合は、この孤独な体験が彼の知的な発達を助けることになった。彼自身次のようにいっている、「子どものときに孤独で、人からともすれば疎《うと》まれがちであったような人のほうが、周囲から暖かく励まされて育った人よりは、偉大な仕事をなしとげることが多いのではないだろうか」と。たしかに、孤独に堪えられるか否かで、その人が偉大な業績をあげるかどうかが決まるものである。ラッセルは、孤独の悩みに堪えて大成した。ワーズワースのことばを引いていえば、ラッセルこそ「思想の未知の海を独《ひと》りで渡った」人なのである。

しかし、このときすでに少年ラッセルには、孤独から訣別する時機が着々と迫っていた。それは彼が「クラマー」（速成塾）へやらされることになったからである。クラマーというのは、サンドハーストの士官学校を受験する少年たちのために、学習の指導をする学校である。日本でいえば、特殊な目的をもった予備校とでもいうものであろう。

彼はそこで内気さのため、他の少年たちのからかい相手とされた。しかし彼は知的理解の点では比較にならない進歩を示し、普通の生徒が六年以上もかかるところを一年半でマスターして、ついに「スコラーシップ」（奨学金）を獲得してしまった。そしてこれが彼の人生の新しい喜びを感ずるカレッジ入学へのいとぐちとなったのである。彼はここで孤独な少年時代から完全に訣別することになった。

希望にみちた青春時代

ケンブリッジに入学する　ラッセルに、いよいよ希望にみちた青春時代が到来した。それは大学へ入学するという喜びと、人生の好伴侶《はんりよ》を得るという喜びとが重なって訪れたからである。

一八九〇年一〇月、ラッセルは一八歳でケンブリッジのトリニティ・カレッジに入学した。このトリニティ・カレッジは、ケンブリッジ大学のなかでもっとも著名なカレッジで、一六世紀の創立にかかり、ベーコン、ニュートン、バイロン、テニソンなどの出身者をもっている。しかもケンブリッジは、オックスフォードとともにイギリスにおける代表的な学校である。そして当時ケンブリッジは、他の諸大学に比べて自然科学や数学がとくに進んでいた。兄フランクがオックスフォードへ入ったのに対して、ラッセルがケンブリッジへ入ったのは、ここで数学を本格的に勉強しようと思ったからであった。

さていよいよ希望のあふれる学生生活の幕は切って落された。ケンブリッジは、ラッセルにとって、「無限の喜びにみちた新しい世界」であった。彼にとってケンブリッジが、新しい世界であったのは、数学や哲学の基本的問題について、自分の考えを発表すればそれを真剣に取りあげてくれたり、またたがいに討論する人びとを周囲に見出したからである。ペンブロークで孤独な生活をしてきたラッセルにとって、友人たち

無限の喜びにみちたケンブリッジ大学

とのこうした生活は、これ以上もない大きな喜びであった。

このケンブリッジのなかでも、とくにトリニティ・カレッジには、数多くの有為な人材が集まっていた。そしてラッセルは、このケンブリッジの四年間の学生生活のあいだに、これらの多くのすぐれた人びとと親交を結び、多くのすぐれた友人を持つことができた。そのなかでも、主な人をあげると、哲学関係では、ホワイトヘッド、マクタガート、ムーア、科学関係では、ラザフォード、トムソン、経済関係では、ケインズ、マーシャルといった人びとである。

新入生ラッセルの在学中、同室で起居をともにした友人にサンガーがいた。二人はヒューエル館《コート》（ヒューエルはイギリスの哲学者であり科学史家であった）に部屋を持っていた。この二人は以前は全然知り合いではなかったが、ラッセルが、彼の書棚の上にあるドレーパーの著わした『ヨーロッパの知的発展』という本をみつけて、「これは良い本だ」といったことから急に親しくなり、ついに終生の友人となってしまった。そして二人でいっしょに数学を勉強することになった。なお一学期のあいだに他の友人も得たが、それらはおもにホワイトヘッドの推薦によるものであった。

ホワイトヘッドは、ラッセルよりも一〇年も早くトリニティ・カレッジに入学し、すでにフェロー（イギリスの大学の特別研究員で、多くは教授や講師を兼ねる）となっており、奨学生試験のときにラッセルの書いた答案にひどく感心して、その才能を認めた人である。ラッセルはずっとこのホワイトヘッドの指導を受けることになった。しかしホワイトヘッドの指導はきびしく、一八九九年のフェローシップ論文のときに、きびしくラッセルの仕事を批判した。ラッセルはひどく失望して、翌日の試験の結果の発表もみないで、ケンブリッジを去ろうとしたこともあった。しかし結果としてラッセルは、フェローシップに選ばれ、このことから、二人は完全に協力しあって、長年にわたって数学の研究に精進することになった。

永遠の友人を得る

ラッセルのケンブリッジの希望にあふれた青春時代を知るためには、やはり彼と同時代の友人との交流状況を知るのが近道である。その意味でも、われわれはもう少し彼の友人をしらべてみよう。

ケンブリッジ時代の哲学上の友人で、彼に影響を与えた人のなかに、マクタガートがいた。彼はラッセルよりも六歳も年長であり、しかも彼よりも内気な性格で、いつもトリニティの回廊の壁にくっつくようにして、足をひきずりながら斜めに歩いていた。ある日、彼がラッセルのドアをノックして、ラッセルが何度「どうぞ」といっても、なかなか入れなくて靴ぬぐいの上に立っていたという。おそらく内気ではにかみ屋だったラッセルは、自分よりさらに内気な友人を見出して、うれしかったことであろう。

しかしマクタガートは、すでに学生クラブ長で、フェローになるところだったし、ヘーゲル哲学の信奉者

ケンブリッジの青年時代のラッセル

としての情熱を傾けていた。ラッセルが哲学に関心をもちはじめたのもこのためである。しかしラッセルは、のちに自分よりも二年後輩のムーアと交際しはじめてから、イギリス哲学の新風を吸い、そこからマクタガートとは思想的に離れてゆくようになった。

ラッセルのいたころのケンブリッジというよりも、当時のイギリスの大学では、卒業後の就職のためにたがいに競争してよい成績をとるというような風潮は起きていなかった。そこでかれらは専門の学科を勉強しながら、それぞれ、哲学、政治、文学、宗教その他何でも興味ある問題について語り合うことができた。まさにケンブリッジは、ギリシアのプラトン時代の教育理想にほぼ完全に近い状態を呈していたようであった。かれらは、種々の問題について自由に討議を楽しんだ。これこそまさに「プラトン的な対話」というべきものであった。討議は「使徒会」（アポストルズ）または「協会」（ソサイエティ）という少人数のグループであり、いつも土曜日の晩に各自の部屋に集まって深夜まで議論し、明けて日曜日にそろって散歩に出て、歩きながらまた議論するというふうであった。

なかでも、ラッセルは議論するのが大好きであった。自分よりずっと頭のよい人がたくさんいるケンブリッジで（彼はあまり頭のよい人がいるのでコンプレックスを感じていたし失望したことがあった）、自分の話を喜んで聞いてくれるのがうれしかった。かつてのペンブローク・ロッジのころの内気さはどこへいったやらで、彼はいつでも議論していた。ラッセルはたしかに全く新しい世界に踏み入ったのである。そのためでもあろう、かつて祖母が煙草を罪悪であると排斥していたが、ケンブリッジに来てからのラッセルは、煙草をすいはじめ、パイプをふかして毎日毎晩、議論することを何とも思わなくなった。現在の彼が、いつもパイプを片手にくゆらせている姿は、この時代から作られていた。

ラッセルは、はじめの三年間は数学を学習した。当時の大学の教授陣やドン（ケンブリッジやオックスフォードでは、学監、指導教師、フェローなどをドンという）などのなかには、かなりの奇人もいたようで、現にラッセルの数学のコーチは気が狂ってしまったといわれている。一八九三年に、ラッセルは数学優等《ラングラー》第七席に格付けされた。これは別段悪くはないが、とくによい成績でもなかった。サンガーの方がずっとよかった。それは、当時のケンブリッジの席次が、ただ数学の問題を解くということだけできめられていたからである。しかしラッセルは数学の根本的な問題に興味をもっていて、問題を解くことは無益な修業だと考えていた。

そこで彼は試験に合格するや、こんな無駄な数学の修業をするのがいやになって、数学の書物を全部売りはらい、「もう数学など一生やらないぞ」と誓いを立てた。そして、最終学年の四年生のときに、彼は哲学を勉強するようになった。しかし数学への魅力はやはり棄てきれず、再び誓いを破って数学に戻った。彼の数学への関心と不満とはそれほど強かったのである。彼のフェロー資格論文は「幾何学の基礎」と題するものであった。

アリス

ケンブリッジは、ラッセルにとって真の意味での学問的指導という点では完全ではなかったけれども、友人と知的な議論の経験を与えたという点では重要なものであった。そして彼は価値ある思考の習慣の一つとして、知的正直さの徳を得ることができた。しかし、とにかく彼にとってケンブリッジの生活は、地上における唯一最善の生活の場所だったのである。

最初の異例の結婚

人生における重大問題、それは結婚である。ラッセルは一体どんな結婚をすることになるのであろうか。彼のことである。おそらく平凡な結婚をすることにはならないであろう。希望にあふれたラッセルのケンブリッジの学生生活の時代に、この人生の重大事件が訪れてきた。

ラッセルは、ケンブリッジに入学するまで、ペンブローク・ロッジで孤独な少年時代を過ごしていた。そのため異性についてはほとんど知らないままで青年に成長した。しかしラッセルは、女性にとって魅力ある存在であったらしい。当時のケンブリッジには、まだ女性の姿はほとんど見られなかったが、ときどきドンの主催する晩餐会などに、近郊から若い女性たちが招待されてくることがあった。彼の同僚の友人のことばによれば、ある晩餐会の席上、彼の隣りに、座を占めた女性が、道徳や哲学について話すラッセルの若いエネルギッシュな姿を、眼を輝やかせながら見つめていたということである。

ラッセルは、この頃ローガン・ピアサル・スミスという作家と知合いになった。この人は社会主義者で、クェーカー教徒の博愛的な実践に、社会主義的な信念を結びつけようと考えていた。ラッセルは、ローガンを通してその姉のアリス・ピアサル・スミスを知るようになった。アリスはアメリカのペンシルバニア州から、イギリスに移住してきた福音クェーカー教徒の娘であった。彼女はラッセルよりも五つ年上であったが、このアリスが彼の恋愛の最初の相手となった。彼は会うごとに彼女への愛情を深めていった。彼のように内気で非社交的な青年がひとたび異性を知ると、徹底的に相手に惹《ひ》かれ、いちずに思いつめてしまうものである。そしてとうとうラッセルはアリス家を訪れて、正式の契約をきめてしまった。

このカップルの組み合わせは、イギリス貴族としてのラッセル家にとってすこぶる異例のものであった。イギリス屈指の貴族と、平民のしかもアメリカ系のアリスとの結婚には、祖母のレイディ・ラッセルはいうに及ばず、多くの関係者や友人たちまでこれに反対した。祖母は、彼の気持ちを変えようとして、ケンブリッジを卒業した年に、彼をパリのイギリス大使館の名誉館員《アタシエ》にしてしまった。彼はとにかく、やむなくパリに赴任した。しかしパリでの華美な生活も、彼には何の喜びも与えなかった。

ラッセルは、大使館員としての仕事に何とか口実をつくって、その年のうちにイギリスに帰り、ついに一八九四年一二月一三日に、ロンドンのフレンド派公会堂でアリスと結婚式をあげてしまった。当時ラッセルは二二才、アリスは二七才であった。式はクェーカーの流儀で行なわれた。彼は貴族というレッテルに反抗して、自分の配偶者の決定については自由に振舞ったのであるが、結婚については、清教徒のような厳格な

アリスと結婚する前年のラッセル

態度をもって臨んだのである。かくして彼は、新しい人生をスタートしたのである。

ドイツでマルクス主義と出合う

ラッセルの青春時代は、大学卒業、結婚とつづき、そして今度はさらに、外遊が待ちかまえていた。まさに彼のこの時代は、順風を帆にはらませて進む船にも似たものであった。

結婚後ラッセルは、いままでの数学と哲学の勉強だけでなく、政治についての関心を強め、経済学と社会主義の研究を始めることになる。これは妻アリスや義弟ローガンなどを通じて、フェビアン協会の人びとと接触をもつようになったからである。そして、一八九五年（結婚した翌年）に、ラッセルは、アリス夫人をつれてドイツを二度にわたって訪問した。とくに第二回目の訪独は、ドイツの社会主義運動を研究するためであった。

ドイツに着いたラッセルは、春とはいえど、なお底冷えするベルリンのティーアガルテンの雪どけの道をよく散歩した。その時の彼の頭のなかは、抽象的な数学の研究と、具体的な政治学や経済学の研究とを、どのようにして総合させるかということでいっぱいであった。これはじつは理論と実践とをいかに総合するかという大問題であった。この点で彼はいろいろと努力したけれども、ヘーゲリアンでなくなっていた彼には、その理論的な総合はむずかしい仕事であった。

さてベルリンに落ち着いたラッセルの社会主義の勉強がいよいよはじまる。彼は、社会主義者たちの会合に出席して、かれらが社会主義を実現するために、どのような理論と政策を主張しているかということを観察した。そして、ラッセルが知りえたのは、マルクスという偉大な思想家の存在であり、その階級斗争理論と戦術であった。ラッセルのマルクス主義との出合いはここからはじまった。

ドイツの社会主義を知るためには、マルクスを知らなければならない。ラッセルとアリスのマルクス主義の勉強は、かくして熱心にそして辛抱強くつづけられた。そのすばらしい成果としてあげられるのは、彼がマルクスの『資本論』全三巻を読破するという偉業を成しとげたということである。社会主義者をもって任ずる人たちのなかでさえも、このむつかしい尨大《ぼうだい》な書物を全部読破することはたいへんなことである。こんなところにもラッセルの並々ならぬファイトがしのばれるであろう。

ラッセルは、ドイツ滞在中、社会主義者の会合のときの警官の強圧的な行動や、宿舎になっているホテルでのプロシァ士官の横暴な態度を観察して、プロシア国家そのものをも勉強することができた。すなわち、彼は当時のドイツが、イギリスにみられるような進歩的で自由主義的な考え方がほとんどないことと、反対にあらゆる形の抑圧や悪政がはびこっていることを発見した。ラッセルのこの観察は、それから三〇年のちになって、ヒットラーが政権を掌握するときになって、ピタリと的中したのである。

ドイツ訪問を終えてイギリスへ帰ったラッセルは、自分の訪独による考えをフェビアン協会で講演した。

このフェビアン協会での講演は、彼が公衆の面前でやるはじめての講演であった。そのため彼はすっかり上がってしまった。この時彼は、次のようなことを話した。「ドイツの社会主義者たちは、階級斗争理論を説いているが、これは資本家たちに社会主義者に対する共同戦線をはらせることになる。その点を考えて、ただ教条主義にわざわいされて国民との対立を深めてはならない」と。

彼のこの講演内容は、新設された「ロンドン・スクール・オブ・エコノミックス」誌に発表された。けれどもどちらかというと、イギリスの社会主義者たちに対して、忠告を与えたような結果となってしまった。そのため、あまり好評を博することはできなかった。彼にとっては最初の講演ではあったが。

『ドイツ社会民主主義』を出す

さてラッセルは、いよいよ最初の著書を世に出すことになった。彼は二年間のドイツの社会主義の研究の成果を、一八九六年に『ドイツ社会民主主義』と題して出版した。これこそ彼の数多くの著作歴のトップを飾る本であり、彼が二四歳のときであった。

ラッセルは、この本のはじめに、「マルクスと社会民主主義の理論的基礎」を論じ、そのなかで、マルクスが現代社会を科学的に分析し、自由経済から独占への資本の集中化と、国家が生産手段の全体を包括的に所有する社会主義への必然性を明らかにしたことを高く評価した。ラッセルは自由主義者ではあったが、国民の貧困に対する社会主義者の抗議には同調の態度を示した。彼は、マルクスの『共産党宣言』に対して、「これは唯物史観のもつ叙事詩的な迫力をことごとく備えている。これまでに比べもののない文学的価値を持ったもので、古今の政治の文献中で最高傑作のひとつである」と推賞している。

たしかにラッセルは、社会主義に対して、このように並々ならぬ同情と理解とを持っていた。しかし彼は、マルクス主義の考え方に全面的に賛成したのではない。その公式主義的、および教条主義的な考え方や、階級斗争理論そのものについては批判的な態度をとっていた。プロレタリアート独裁の理論が実施されれば、それによって生ずる利益と損害のいずれが大きいかについては、早急な断定はできないと考えた。

またマルクスは、社会がしだいにブルジョアジーとプロレタリアートという二大階級に分裂してゆくと述べたが、この考えは、生産における技術者の重要性の増大という事情によって、両階級の中間階級が生成しているという事実を考慮にいれていない。ラッセルは、この点を指摘して、マルクス主義に対して、驚くほどの透徹した共感と批判とを展開したのである。われわれは、この本を通して、青年ラッセルの、マルクス主義へ寄せた情熱と精力とを理解しなければならない。

この本を書きあげた一八九六年に、ラッセル夫妻は、数か月にわたってアメリカを訪れた。彼はニュージャージー州にあるアメリカ詩人、ウォールト・ホイットマンの家を訪ね、またジョン・ホプキンス大学とブリン・モア女子大学で講演を行なった。こうして、ドイツとアメリカの旅行から帰国した夫妻は、それから数か月間はイギリスに腰を落ち着け、主として南イングランドのサセックス州の小さな別荘に起居して、彼の前からの疑問点であった数学の基本的理論の研究に没頭することになった。

ラッセルと親交のあったウエッブ夫妻

静かな牧歌的な生活　イギリスに帰ってからの、サセックス州のラッセルの生活は、まさに静かな牧歌的な生活であった。彼は愛する夫人アリスとともに贅沢《ぜいかく》なかにも簡素なのびのびした生活を繰りひろげた。

ラッセルは、むかしから知的な仕事をするために、自覚的に自分に訓練を課してきた人であり、毎日の生活のスケジュールを周到に計画していた。諸君は、ドイツの哲学者カントが、ケーニヒスベルヒでじつに几帳面な規則正しい生活をしていたことを知っているであろう。彼の毎朝の散歩の時間に合わせて、付近の人びとが時計を直したといわれている。ラッセルは、カントのような正確さではなかったが、その生活時間表はかなり規則的であったといわれている。

この当時、ラッセル夫妻は、フェビアン協会員のシドニー・ウェッブとその夫人ベアトリス・ウェッブと親しく交際し、たがいに遊びにいっていた。ラッセルにとって、ウェッブ夫妻とは長いあいだ交際し、ときには同じ家にも住み、彼の知っている限りではもっとも完全な夫妻であった。このベァトリス夫人も秩序と計画が非常に好きで、彼女の日記には、よくラッセルのことが記されていた。それによれば、ラッセルの日常生活は次のようなものであった。午前中は、数学の勉強と本の朗読それと散歩、午後には、義弟ローガンとクローケ競技をして遊び、夜間は再び数学の勉強と本の朗読、それから歴史書か小説を勉強し、ときにはウェッブ夫妻と雑談をする、というような状態であった。

それにしてもラッセルは、ある程度このように規則正しい生活をしていたのであるが、彼はどんな研究の途中であっても、食事のときは必ず仕事を中断してテーブルについたということである。彼は決して食事を忘れることがなかった。そしてまた彼は仕事の途中で座を立っても、あとで席に戻ったときに、ただちにそのやりかけの仕事に着手したという。こんなところにも、ラッセルの特殊能力があり、また彼がいかに健康を大切にしていたかということもうかがえるのである。

この頃のラッセルについて、もうひとつの性格は、彼がすごい喫煙家であったのに比べて、徹底した禁酒家であったということである。そしていつも彼は、友人たちがアルコールを飲みすぎるのを非難していた。おそらく彼の忠告を迷惑に感じた友人がたくさんいたことであろう。それにしても、ラッセルのこのような静かな牧歌的な生活が、やがてその後の彼の思想的自立の時代を形成する基礎づけとなっていったのである。

不朽の業績への礎石を築く

ヘーゲル主義からの離脱　いよいよラッセルの思想的自立の時代が始まる。東洋のことわざに、「十有五にして学に志し、三〇にして立ち、四〇にして惑わず……」とある。自立の時代は三〇歳からといわれている。しかしラッセルは、すでに二四～五歳にして、思想的に自立の時代を迎えていた。そしてこの頃からの数年間が、彼の哲学と数学における独創的な学問への基礎がきずかれてゆくのである。

ラッセルは、数学を媒介として哲学を研究していった。当時のイギリスの哲学界は、ヘーゲルの形而上《けいじじょう》学的な、観念論的な哲学体系によって支配されていた。そしてラッセル自身も、ケンブリッジの最終学年で哲学に専念したときは、カントやヘーゲルやブラッドレーの観念論の哲学を信奉していた。厳格な家庭のなかで育った孤独なラッセルが、カント、ヘーゲルに憧憬の念をもって接したのは当然であろう。そして彼はとくに弁証法を重要視して、それによって諸科学の完全な総合を行なおうと考えていた。いわゆる「観念論へのわきみち」の時代であった。

しかしラッセルがドイツへ旅行して、そこで数学者としての碩《せき》学、カントール、デデキンド、ヴァイアーシュトラウスなどの業績（無限概念の理論や集合概念の理論および非ユークリッド幾何学の理論など）に触れて、カントやヘーゲルの数学的認識に関する理論がまちがっていることを発見した。カントやヘーゲルは、事物を認識するのに、それは多数の個々の集まりではなくて、完全な統一体として認識する。つまり実在を総合的な一元論の立場でとりあげて、その立場で大きな哲学体系を構築しようとしたのである。しかし事物の認識にあたっては、それは多数の集まりであるとして、その個々のものを分析して、多元的な立場で認識することもできる。これがラッセルの考えた認識の方法であった。このことをもう少し具体的に考えてみよう。

たとえば、数学におけるユークリッドの諸公理は、現実についての認識をわれわれに与えるものだと想定していた。それはその当時の自然科学におけるニュートンの「万有引力の法則」にもとづいて、現実の物理的空間は、「ユークリッド的空間」であるということが当然のこととされ、それによってまた「ユークリッド幾何学」が成立していたのである。ところが自然科学の進歩により、アインシュタインの「相対性原理」が出現した。それは物理的空間がいままでの認識とはちがった「非ユークリッド的空間」として捉《とら》えられることになり、それによってさらに「非ユークリッド幾何学」が成立することとなった。すなわち、ラッセルは、はじめのユークリッドの諸公理がすべて正しいというのではなく、ユークリッド幾何学という数学の体系の出発点をもっと遠くさかのぼって求めたならば、なにか絶対的に確実なものに到達するのではないかということを考えていたのである。

ラッセルが、カントやヘーゲルの観念的、一元的な数学的認識にまちがいがあるといったのはこのことなのである。論理や数学の議論は、仮定的なものであるのに、従来の哲学者は、論理が何か自分の信奉したいと思っているものの存在を証明する力を持っているかのように考えてきた。そこに大きな誤謬《ごびゅう》があった。ラッセルは、こういってヘーゲル主義に疑惑の眼を向けたのである。ラッセルのヘーゲル主義からの離脱は、一八九八年（二六歳）ごろからあらわれ、その年の終わりになって、経験主義者ムーアの哲学の影響を受けて、さらに拍車をかけることとなった。

ラッセルはいっている、「私はヘーゲル哲学が数学にあてはまらないことを発見した。そこでムーアに手を貸してもらって、私はヘーゲル主義から脱出し、数学的論理学で味をつけた常識に立ちかえった」と。

ヘーゲル主義を脱却したラッセルは、世界が急に喜びにみちたように感じた。彼に非常に充実した宇宙が与えられることになった。彼には、すべての数が、プラトン的天上界で、一列に並んで坐っているように想像されたのである。

新しい論理のシステム

そうこうしているとき、ラッセルに思いもかけない幸運が舞い込んできた。ちょうどイギリスが南アフリカと戦争を起こした一八九九年に、母校ケンブリッジで哲学の講義をすることになったのである。

それはこの年、ライプニッツ（科学哲学者で微積分学の創設者）の講義をすることになっていたマクタガートが、予定を変えて休暇をとり、ニュージーランドにいる家族を訪問することになったので、ラッセルが講義の代役をたのまれたわけである。彼の初講義の内容はどんなものであっただろうか。ラッセルは、従来の哲学者がライプニッツで問題としていた点と全然ちがった論理学上の点を問題とした。それはライプニッツ哲学の基礎である「実体」という概念（デカルトやスピノーザでもそうであるが）における、「主語」と「述語」という論理的範疇《カテゴリー》と、それらの関係という問題であった。ここで、われわれは論理学の基本について若干考えてみよう。

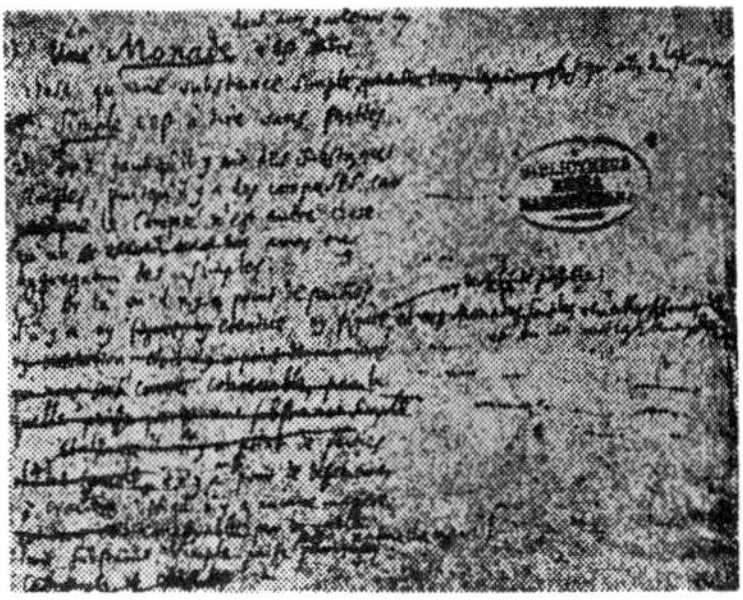
ライプニッツの「単子論」の原稿の一部

そもそも、伝統的な形式論理学は、アリストテレスによって確立されたものであって、「SはPである」というとき、Sは主語でPは述語である。そして主語になるものが実体で、述語になるものは偶然的な性質である。この論理が体系化されて、あの有名な三段論法が出てきたわけである。しかしこの論法は、人間が実際に行なっている推理のうちでは、ごく限られたものにしか適用されない。たとえば「関係」をあらわす推理にはあてはまらない。そこでラッセルは、従来の論理学をもっと拡張し、それに全く新しい「論理のシステム」を与えることを考えた。

ではラッセルの新しい「論理のシステム」とは何だったろうか。それはpとかqとかいう命題の内部構造を明らかにして、このような構造を持った論理のシステムを作ろうとしたのである。彼は主語述語の文といわれる「……は……である」という命題を、Fxと記号化し、「XはFである」というようにあらわした。ここでアリストテレスにおいては、Xにあたる文法上の主語は、同時に論理上の主語であった。しかしラッセルにあっては、従来の文法上の主語は、論理的には本当の主語ではなく、本当の論理的主語は、命題関数Fxのなかの主語変項X（あるいはY……）といったものであると考えた。

これを具体的に述べてみよう、たとえば、「すべてギリシア人は人間である」という日常言語表現を、「Xがギリシア人であるならば、Xは人間である」（ということがすべてのXについていわれる）という論理的表現に直すわけである。つまり日常言語の主語の「ギリシア人」は、本当の論理的主語ではなくて、Xという主語とギリシア人であるという述語から成立する一つの文章として取り扱うのである。同じことが、「Xは人間である」というように論理的に書き改められる。このようにラッセルは、主語と述語の論理的関係を主張したのであった。

ラッセルが、ライプニッツで発見したということは、ライプニッツは論理学を形而上学の基礎と考え、真なる命題はその主語がすべての述語を概念として含んでいるとして、その主語と述語の関係を無視しているということであった。

ラッセルの講義内容であったこのライプニッツ研究は、伝統的な論理学の考え方を打ち破って、新しい観点から論理のシステムを検討したという大きな意義を持っていたのである。

知的行詰《ゆきづま》りにぶつかる

ラッセルの数学の基本的問題への疑問、論理学への新しいシステムの検討、このような努力はしだいに報いられるときが近づいてきた。

二〇世紀最初の年、一九〇〇年はラッセルにとって非常に重要な年となった。それは数学の諸問題に対しての疑問に大いなる光明が与えられたからである。彼は七月にパリで開催された国際哲学会議に出席し、そこでイタリアの数学・論理学者ペアーノとその弟子とに接することができた。彼はかれらが記号論理の分野でしていた業績に触れ、この論理的技術を数学にあてはめることを教えられた。彼は勇気百倍、帰国後ただちに数学の原理に関する著述の執筆に取りかかった。

長いあいだ数学の基礎の問題で暗中模索《あんちゅうもさく》していたラッセルは、いまやまさに堰《せき》を切った奔流のごとき勢いで、その草稿を書き上げてしまった。彼によれば、一日ごとにそれまで理解できなかったことがわかってきて、あらゆる問題は解決されると思ったということである。彼はこれをいままでに経験したことのない「知的蜜月」の喜びであったといっている。

この『数学の原理』という本は、上下二巻から成る予定であって、その上巻は一九〇三年に刊行され、つづいて下巻が計画されたのであったが、その仕事が非常に難行し、また新しい困難な問題にぶつかってしまったので、ついに下巻は出ずじまいになってしまった。彼の喜びあふれる知的蜜月は、わずか一年間で終止符を打ち、そこから逆に「知的行詰り」が重々しくのしかかってきた。いったいこんなにも早く彼をおそった知的行詰りとは何だったのか。それは彼が「集合」の問題を考察しているとき生じてきた論理上のパラドックス（矛盾）の問題なのであった。

すなわち、ある命題には、その主語述語は文法上はいいけれども、論理的には疑問のある場合があって、そのときはその命題の真偽の判定ができないことがあるということである。パラドックスとは、ある論理的表現の真偽を決定しようとするときに、それを真だとすると偽という結論が出てくるし、偽とすると真という結論が出てしまって、真偽の決定ができなくなることである。たとえば、古い例をとれば、「私は嘘をついている」という命題は、その人が本当に嘘をいっているならば、彼は真実を語っているのであり、もし真実をいっているならば、嘘を語っているのであって、ここにパラドックスが存在している。彼はこのようなことが、数学の問題のなかに存在していることを見付けたのであった。すなわち、数学を論理に還元したのちに、論理それ自体のなかに矛盾があるということであった。

ラッセルは、この知的行詰りの苦しみを、いっしょに著作にとりかかっているホワイトヘッドに伝え、彼は「喜びあふれ、力あふれる朝は再び来らず」という句を引いてラッセルをなぐさめようとしたが、それもむだであった。しかしこうした困難な問題との対決があったればこそ、来るべき大著『プリンキピア・マティマティカ』が生まれることになるのである。

『プリンキピア・マティマティカ』（数学原理）成る

ラッセルが、『数学の原理』を上巻だけ出版して、下巻を取り止めたことはすでに述べたが、これはただ困難になったということだけではなくて、あのホワイトヘッドが協力者として参加したことにもよるものであった。（ホワイトヘッドはすでに『一般代数学』第一巻を出版していた）二人は協同して新しい計画を立てた。そしてその仕事は、すでに一九〇〇年から始まり、それから原稿完成まで、なんと苦節十年、一九一〇年までかかって、ついに全三巻から成る大著『プリンキピア・マティマティカ』（これを『数学原理』と訳すと、一九〇三年に上巻だけ出た『数学の原理』とまちがうので、あえて原名を使用する）となったのである。

この『プリンキピア』（略称）の刊行は、数学基礎論の歴史のうえで、まさに画期的な一大事業であった。この本の出版がこんなに長くかかったのは、ラッセルが二年間パラドックスにぶつかって行き詰り、それが解決されてから原稿を書きあげるのに五年間を要したからであった。ラッセルは、一九〇五年この仕事の最中にアリスとともにオックスフォードの郊外に居を移し、そこで気分を転換して仕事も順調に進み、やっと一九一〇年に原稿を全部ケンブリッジの出版部へもっていった。

ラッセルとともに『プリンキピア』を著わしたホワイトヘッド

『プリンキピア』は、第一巻は一九一〇年、第二巻は一九一二年、そして第三巻は一九一三年に完成した。ラッセルとホワイトヘッドが、この仕事の完成のために注いだ努力は全く想像を絶するものであった。この仕事は次のようにして行なわれた。ラッセルがケンブリッジでの一連の講義において、この著作の全部の構想を考え、各自がそれぞれの部分について草稿を作って交換し、相手のコメントを参考にして、それに手を加え、さらに、全部分を三回検討したうえで、ラッセルが最終原稿を書いた。一つの命題ごとに一枚の紙を使ったので、原稿は沢山の整理箱にいっぱいとなって、その量だけでも驚くべきものであったという。

ではこの不朽の大著『プリンキピア・マティマティカ』はどんな本であっただろうか。これは大きく分けると、哲学的（論理的）分野と数学的分野とになり、ラッセルが前者を、ホワイトヘッドが後者を担当した。この本の元来の目的は、純粋数学の全体が論理学的な前提から帰結し、かつ論理的な名辞によって定義される概念のみを用いているということを示すことであった。

この本は、数学の基本的な問題を究明したもので、1という数の定義に達するまでに相当のページ数を費やし、$a \times b = b \times a$ の証明が出てくるころには、もう第二巻もかなり進んだところまできていた。ラッセルは、この本で、数字の持っている迷信的感情や、数学の持っている神秘性を取り去って、数学の基礎を簡単明瞭にしようと努力し、記号技術を駆使してその応用を図ったのである。

彼は、数学の基本的問題として、さらに数学帰納法についての議論、極限概念の解明、集合論における無限集合と再帰《さいき》集合の区別、各種の無限数相互間の不等についての論証、および関係代数における構造の観念などについて述べている。これらは数学の基本的問題とはいいながら、相当むずかしい専門的な領域に関するものであるので、それらの説明は省略するが、要するに、彼はこの本で従来考えていたパラドックスの問題を、数学の基本的な理論のなかで解決しようとしたのであった。ここまでくると、これはただ数学だけの問題ではなくて、哲学の問題であり、また科学に対しても大きな意義を持つものであった。

それにしてもこの『プリンキピア』は、合作とはいいながらもすばらしい業績であり、おそらく人間の頭脳の最高の傑作のひとつであり、ラッセルの多年にわたって全力投球したエネルギーの結晶であった。この方面の権威者であったドイツのライヘンバッハが、アメリカのカリフォルニア大学で、ラッセルと同僚であったころ、ラッセルのところへきて、「私は数学的帰納法の新しい理論を考えた。それは超限《ちょうげん》帰納法というのだ」と意気込んで話した。ところが、ラッセルが「それは『プリンキピア』に十分書いてあるよ」といわれてがっかりしたということである。彼がしらべてみたら、ちゃんと書いてあった。

『プリンキピア』の完成後、ラッセルは、ケンブリッジの数学者ハーディに、じつに奇妙な夢におそわれたと語った。その夢の場所はケンブリッジの大学図書館、時は二百年前、ひとりの助手がバケツをもって館内をまわって歩き、蔵書のなかで保管の価値のないものとして棄てることに定まった本を、どんどんバケツのなかに入れていた。ラッセルが見ていると、その助手は、『プリンキピア』の現存する唯一のコピーを手にとって、どうしようかと迷っていた。……ここでラッセルは目が覚めたのである。諸君この夢の意味はどういうことなのであろうか。

議論と書評のあけくれ

ラッセルは、論理・数学者としてのすばらしい業績を完成した。彼の生涯の広範な業績のなかで、とくに論理学や数学の業績が注目されるのは、この『プリンキピア』の完成によるためである。

ラッセル家は、『プリンキピア』執筆中に、オックスフォード郊外のバグレー・ウッドに移住していたが、これは彼の親戚でギリシア文学をやっていたギルバート・マレーのすすめもあった。しかし彼が移住した有力な理由は、オックスフォードにいる観念論哲学者たちと議論しようとしたためと思われる。当時オックスフォードにおける観念論は、「旭日昇天の勢いで、まばゆいばかりの光彩を放ち、そのために中天の星晨《せいしん》はことごとく光芒《こうぼう》を奪われているばかりである」といわれていた。経験哲学者ラッセルにとって、オックスフォードは、まさに攻撃をかけるべき一大牙城なのであった。

ラッセルのオックスフォードでの議論の一コマを紹介しよう。バリオル・カレッジのJ・A・スミスという観念論者が「真理とは絶対者の諸観念から成る」といったのに対し、彼は「では絶対者が私の髪のことを考えるのをやめたら、私は禿げになりますね」とやりかえした。またコーパス・カレッジのプラグマティズムの代表者F・C・シラーに対して、彼は「プラグマティズムは、真理は優勢な軍隊を持つ側に味方する哲学のことである」ときめつけたりした。ラッセルは、こうした議論のなかに喜びを見出していたのであろう。

またラッセルは、『プリンキピア』執筆中の忙しいなかで、多くの論文や書評を書いている。この時期に書いた約四〇編の論文のうち、とくに重要なものは、記号理論や、真理の概念について述べたものであり、また初期の散文スタイルの模範といわれる『自由人の信仰』（一九〇二年）である。「メフィストフェレスは、書斉にいるファウスト博士に天地創造の歴史を次のごとく物語った……」という文章から始まるこの本は、彼の人生観を文学的に表現したもので、読むものをしてその文の美しさに感嘆させている。それはこれが論理学・数学で不朽の業績を立てた人の文章なのかと戸惑うに十分であろう。このなかの一節を次にかかげよう。

「われわれ自身の理想を礼拝するための殿堂の設計図は、悲しみから遠く離れたところ、変化に対する恐怖から遠く離れたところ、失敗や現実世界に対する幻滅から遠く離れたところに、空想の世界のなかに、音楽のなかに、建築のなかに、煩いなき理性王国のなかに、そしてまた美の光り輝く抒情詩という黄金の夕陽や魔術のなかに、絶えず姿を現わす。………

………

この殿堂に入る前に、暗い洞穴を通らねばならない。その洞穴の門は絶望であって、その床は見棄てられた希望の墓石で敷かれている。そこで自我は亡び、そこで野放しの欲望は葬られなければならない。しかし洞穴を出ると、自制の門があって、それをくぐれば再び知恵の明るみへ出る。その輝きで、新しい洞察、新しい喜悦、新しい優しさが光を発して、巡礼の心を励まし慰める。」

ここには、バイブルにも匹敵するような、彼の人生訓が詩的に描かれているであろう。その意味で彼はまた文学者的素質をもっているといえるのではないだろうか。

これらの論文や書評は「マインド」誌や、同種の専門刊行物に掲載された。また「マインド」誌の編集長は、ドイツ語やフランス語やイタリア語などで書かれた哲学の文献がきて、だれにもわからないと、必ずそれをラッセルに送ることになっていた。ラッセルはすぐにそれに徹底的な批評を書いて送り返して、関係者を感激させていた。そのかわり、彼は書評においては、遠慮しない批評家であって、いつも痛切に批評をして容赦しなかった。彼に批評されたら永久に忘れられないほどの致命的打撃をうけたといわれる。

それもラッセルが、つねにその陳述が真実なのか虚偽なのかということに対する真摯《し》なる知的卒直さによるものであった。この点で、ラッセルはよくバーナード・ショーと比較される。二人を比べると、ラッセルのほうがはるかに微妙で、ショーのほうが痛切であったといわれる。ショーが逆立ちを好んだのに対して、ラッセルは、宙返りをして再び地面に足をつけて立つのを好んだといわれている。面白い比較ではないだろうか。

新式紳士《ハイカラー》で通る

この頃のラッセル夫妻の生活は、おそらく理想的な生活であったといえよう。彼は快適な田園の別荘に滞在して、午前中は仕事に没頭し、午後は議論や散歩に興じていた。

ラッセルは旅行が好きであった。彼はよく大学に出かけてフェローズ・ガーデンに腰をおろして遅くなるまで佇《たたず》み、柳の葉ごしに薄れゆく夕日を眺めたものであった。ホワイトヘッド夫妻や、ウェッブ夫妻のところへいったり、フィレンツェのバーナード・ベレンソンのところへ泊って、画廊めぐりをしたりした。ベレンソンは、ラッセルの美術作品に対する興味を喚起しようとしたが、それほど効果はあがらなかった。というのは、ラッセルは視覚的鑑賞に敏感であったというよりは、もっと聴覚的鑑賞とくに叙情詩に興味を持っていたからである。ラッセルは、シェレーの作品や、シェイクスピアのソネットや、ブレイクなどの章句をいくつも暗誦していた。

次にラッセルの私的生活のことでおもしろい性格を述べておこう。それは彼の服装である。彼はいつもきちんとしていた。彼の写真をみればよくわかることであるが、彼の服装の特色は、カラーである。すなわち、いつも糊のついた白いつやのある、しかも前代未聞のハイ・カラーで、あごが隠れてしまうほど高いものである。彼はこの点でも「新式紳士《ハイカラー》」であった。徒歩旅行（彼は自転車旅行も好きだった）のときは、昼間は柔いカラーですませていたが、夜になると、どんな片田舎の小さい宿屋に泊っても、きちんとしたハイ・カラーに変えてしまうのであった。ここにも彼の几帳面な性格があらわれているし、これも清教徒的な家庭の教育の結果なのであろうか。それにしても、貴族ラッセルと、ハイ・カラー、おもしろい結びつきではないだろうか。

ついでにもうひとつ、彼にはいつも一度に四杯のお茶を飲み、茶碗を両手に持って手を暖めるクセがあったということをつけ加えておこう。このクセは彼の友人のあいだにひろく知られわたっていたといわれている。

ケンブリッジの講師となる

下院選挙に立候補する　さてラッセルは、『プリンキピア』の執筆中に、書評のほかに時間を割いて政治にも関係した。彼は当時「係数会」という討論グループに入っていた。この会の名称は、それぞれのメンバーが一致協力して能率をあげるという意味のものであった。あの歴史家として有名なH・G・ウェルズもそのメンバーのひとりであった。

一九〇七年、当時三五歳のラッセルは、いよいよ持ち前の政治的性格をあらわしはじめた。それはロンドンのウィンブルドン選挙区の下院補欠選挙があったときである。このときは保守党が独走になりそうな気配であった。自由党の政策のもっとも大切なものは自由貿易に関するものであり、ラッセルはこの自由貿易を擁護するアジテーションに刺激されて、ついに立候補の決心をし、自由党もこれを強く応援した。彼の競争相手は、当時の保守党の領袖《りょうしゅう》、ヘンリー・チャップリンであった。

この当時の選挙活動は、公衆のまえで演説をすることであり、ラッセルもその応援者も演壇に立って婦人参政権の重要なことを力説した。しかし選挙の結果は、ラッセルの大敗に終わった。やがて一九一〇年五月、『プリンキピア』の仕事も大体終了すると、ラッセルは今度は議会の正式の議席を得るべく、前よりももっと本格的に活動して、自由党の公認候補の指名を受けようとした。しかし彼は、教会に行くことをしない無神論者であるといわれて、この選にもれてしまった。このときラッセルが、政界入りをして政治活動を本格化していたら、どんな歴史が作られていたのであろうか。

ここでラッセルをめぐってこんな話がある。自由党を支持する人たちに新たに爵位を授けて、自由党の多数支配を確保しようという提案であった。そしてラッセルに爵位を授けてはどうかという人がいたところ、ラッセルは、自分が爵位をもらうのだったら、「あほだら卿」という称号をえらぶのだといって並いる人たちをあっけにとらせたという。

ラッセルは、若いころから選挙運動をするにいたるまで、写真をみればすぐわかるように、じつにりっぱな茶色の口髯を生やしていた。当時彼はロンドンのアリストテレス協会の会長をしていたが、あるときその協会の会合があったのに、どこに会長ラッセルがいるのかわからなかった。それもそのはず、彼のみごとな口髯はすっかりそり落とされて全く別人となっていたからであった。(写真の口髯のないラッセルを改めてながめてみよう。)この口髯をめぐって、一説には次のようなエピソードがある。それは彼が口髯をハサミと剃刀で落としたのは、自由党代議士フィリップ・モレルの夫人であったオットリー・モレルの進言によるものだということである。彼の口髯を落とさせたモレル夫人とは、そもそもどんな女性だったのであろうか。

モレル夫人は、オックスフォードから数マイルほど離れたガーシントンに別荘を持っていた人で、ポート

ハイカラー（口ひげを落とした）のラッセル

ランド公爵のゆかりの貴族の出身である。彼女は長身で、派手な衣裳を好み、どこへいっても人の注目を集めていた。そのうえ博識で芸術的鑑賞力も持っていた。彼女は他人の能力を認めて、それを励まし、そして活気に富む人士を一堂に集めることに努力していた。彼女はラッセルと親交があり、のちに第一次世界大戦において、ガーシントンの隠れ家としての役割を果たすことになるのである。

再びトリニティ・カレッジへ

一九一〇年一〇月、ラッセルは『プリンキピア』の仕事の終了とともに、論理学および数学基礎論の講師として、ケンブリッジのトリニティ・カレッジに帰ってきた。そのかわり、ホワイトヘッドは、ラッセルが帰ってきたときに、ケンブリッジを辞したが、翌年にはムーアがやはり講師として復帰した。

ラッセルの講義は「数学的論理学」に関するもので、この講義には三人しか出ていなかった。しかしこの三人とも将来哲学、数学方面における有能なる学者として成長していった。彼は「私の教え子は一〇〇パーセント研究員《フェロー》の資格をとった」と誇らしげに語っている。ケンブリッジは、ラッセル、ムーアのちにヴィットゲンシュタインが加わって、その後長年にわたって現代哲学を支配する運命を荷なった三人の哲学者がそろうことになったのである。

ラッセルにとって、このヴィットゲンシュタインとの接触は、彼の思想発展のために大いなる意義を持っていた。このヴィットゲンシュタインというのはどんな人であったろうか。彼は、裕福なオーストリアの青年で、航空学という新しい学問をするために、マンチェスター大学に研究生として工学を勉強しているうちに、数学に興味をおぼえ、数学の原理のことを知っている学者はいないかと尋ねて、ラッセルの名を耳にした。こうして、彼はラッセルの講義を聴き、その指導を受けるためにケンブリッジへやってきた。

ヴィットゲンシュタインは、ある意味では天才であり、ある意味では奇人であった。ラッセルは、彼がたんなる奇人かどうかよくわからなかったので、ムーアに聞いたところ、ムーアは、あの男は見どころがあると答えた。そのわけをきくと、ムーアの有名な答えは、「私の講義中に、解らないというような顔をするのはあの男だけだからだ」ということであった。ヴィットゲンシュタインは、論理学と哲学についての独創的な研究をし、初期の「論理実証主義」（科学の諸命題や理論を、記号論理的な技術を使って解明し、哲学からあいまいさを除去しようとするもの）に対して、深い影響を与えた。

ガーシントンで活躍したモレル夫人

彼はのちにムーアの後を継いで哲学教授となり、今日のいわゆる「分析哲学」（とくに日常言語学派）を成立させた。ラッセルは、この日常言語学派的な分析に批判的となって、のちにこの二人は思想の面でひどく疎遠になってゆくのである。こうしてラッセルは、独自の哲学の見解を深めてゆくこととなる。

ラッセルの一九一〇年代の哲学上の見解を、体系的にあらわしているのは、『哲学の諸問題』（一九一二年）と『外界の認識』（一九一四年）である。ここで彼は、論理の諸法則を事物それ自体の諸法則とみなす見解を出し、観念論に反対するために素朴な形での実在論の傾向を示した。すなわち、彼は事物を認識するもっとも確実なものは経験的認識であり、この経験的認識から出発して、世界の存在を知るためには、事実存在の背後にある形而上的な諸概念を除外してかかることであるとした。これが彼のいう「オッカムのかみそり」（オッカムはイギリスのスコラ哲学者で、論証には観念的な諸概念を除外すべしという格言を述べた）という方法であった。

ラッセルは、観念的立場と実在的立場とを新しい角度から解釈し直そうとしたのである。いいかえれば、われわれの知識と物理的な世界とを結びつけようとしたものであった。このような方法によって、哲学と科学とがたがいに関係しあって前進してゆくことができるのであって、その意味で、彼はこの方法で近代科学の発達を促進したということができるであろう。

ロウエル記念講演　哲学の諸問題における認識上の著作は、一九一四年に予定されていたハーバード大学での、ロウエル記念講義のために準備されたものであった。

ラッセルは、この講義を予行演習のつもりで、この年のはじめに、まずケンブリッジで行なってみた。このときの聴衆は、六〇～七〇人もあり、教室と隣りの部屋とを結ぶ二重扉をあけるという盛況であった。はじめはこんなに多数の講義をしたことがなかったのでびっくりしたが、たくみにウィットを折り込みながら、講義は軌道に乗って進められた。この予行演習に気をよくした彼は、ハーバードでの講演で大いなる成功を収めることができた。

ラッセルのロウエル講義は、三月から四月にかけて行なわれたが、これと並行して、彼はまたハーバードで記号論理学の授業も行なった。そして講義終了後、彼は学生たちをお茶に招いて、かれらとくつろいで議論をした。彼によると、この授業に出ている学生のなかで、とくに有能なものが二人いた。その一人がのちに哲学教授になったデモスであり、もう一人がT・S・エリオットであった。

エリオットは、はじめ記号論理は、実際の世界には関係がないと思っていたが、しだいに記号を駆使するのが楽しくなった。それとともにラッセル自身に惹《ひ》かれていった。それは当時のアメリカの大学の哲学教授の多くは、ドイツの教授連のように深遠にみせるために超然としていたのに、ラッセルは格式ばらなくて近づきやすかったから。ラッセルとエリオットとの交遊はこうしてはじまった。

ラッセルが講義を終えて、イギリスへ帰ってから、今度はエリオットがヨーロッパへ渡った。そして、ある日、二人は偶然にも大英博物館の近くの路上でばったり顔を合わせた。そこで二人はベリー街にあったラッセルの住居《フラット》へいっしょに帰った。ラッセルの彼への友情はここでまたあらわれた。それはエリオット夫妻が貧乏であったので、ラッセルは哲学書の書評を書く仕事を探してやり、のちにマーロウというところに別荘を借りて、かれら夫妻に住まわせたりしてやった。ときどきエリオットは、ラッセルに自分の詩を朗読してきかせたが、彼の詩のよさを最初に認めた人のひとりこそ、ラッセルであったといえよう。

エリオットの詩にみられる思想のなかには、ラッセルとの会話に示唆《しさ》されるものがあったのはこのためであったであろう。逆にまたラッセルの思想のなかに、エリオットの詩の心がはいっていたかも知れない。とにかく、われわれは、ラッセルとエリオットとが、なんらかの形で結びついていたことを知ることができる。

別居生活はじまる

これまでラッセルは、何不自由のない生活にあけくれていた。それは彼が独創的な思索をするのに必要な外的環境をととのえ、彼が書斎でだれにもわずらわされずに勉強できるように家庭をきりまわしたアリスがいたからである。彼女がいたからこそ、ラッセルはすばらしい仕事上の業績を積むことができたのである。しかしこの理想的な生活がだんだんと変化していった。

それはラッセルが、一九〇一年ごろから結婚というものに対する考え方に変化を来たしたということがいえよう。このことについて、ラッセル夫妻と親交のあったベアトリス（ウェッブ夫人）は、二人のあいだが「どこかおかしい気がする」といっていた。さらに彼女は、当時の日記に、かれら夫妻の関係に「悲劇的なきびしさと無理がある」と記している。おもうにラッセルの頭脳とその回転の早さと、アリスのまじめなクエーカー的なものの考え方とは、どうもしっくりと融け合わなかったようである。

なお、この頃ラッセルの兄のフランクの評判が非常に悪くなっていた。フランクは、オックスフォードで仏教徒となり、バリオル・カレッジから追放され、訴訟や事業の不振などでほとんど破産しそうになっていた。そのため、噂さ好きの人びとは、フランクのことを「悪伯爵」と呼んでいた。こうした事情は当然世間がラッセル兄弟に対して、変な感じをもってみるようになっていた。

世間並みの体裁をつくろったり、妥協したりすることの嫌いなラッセルであったから、彼はいろいろと苦悩しながらも、独自の行動をとるようになったと思われる。ラッセルとアリスは、はじめは、おたがいに自制しあって表面をつくろっていたけれども、一度こじれた関係はなかなか元へ戻らなくて、ついに二人は一九一一年（『プリンキピア』の仕事が大体終了したとき）に別居することになってしまった。そしてこの別居生活は、なんと一〇年間もつづくことになるのである。

アリスと別居することになってから、ラッセルの人生は波瀾《らん》にみちた生活として出発するのであり、そしてこれから三年たってから、第一次世界大戦が勃発するにいたる。そして、そこからラッセルは、思想的に新しく自己形成をしてゆくのである。

Ⅱ 世紀の思想家の理論と実践活動

第一次世界大戦と思想の転回

論理学から政治学へ　ラッセルの一世紀にわたる巨大な思想は、ちょうど一九一四年（彼が四二歳のとき）を境界線として、大きく前後二つに分かれる。そのことは、いいかえれば、ラッセルがハーバード大学の記念講義を終わってイギリスに帰って、数か月たってから勃発した第一次世界大戦が、彼の生涯を大きく二つに分断したということである。

周知のように、一九一四年六月、オーストリア皇太子サラエボの暗殺事件は、バルカンの危機に点火する導火線となり、翌月末オーストリアはセルビアに宣戦し、かくて第一次世界大戦の幕は切って落とされた。イギリスの宣戦布告は、同年八月四日であったが、この日の夕方、ラッセルが奇しくもトラファルガーの広場で体験したことは、人間の生命や財産が大きな破壊にさらされようとしているときに、国民が戦争という憂うべき事態を、むしろ謳歌《おうか》し、歓呼の声で迎えたという事実であった。

ラッセルは、イギリス経験哲学の立場にたった典型的な合理主義の支持者である。彼はヴィクトリア朝時代に特有なオプティミズム（楽天主義）をその基調としていた。しかし彼は、少なくとも大戦が勃発したとき、それまでの自分の思想の多くが誤っており、人間というものは決して自分が信じていたように合理的なものではないということを知った。彼は、「私の生涯は、第一次世界大戦の前と後という二つの時期に分かれる。この戦争は私から多くの偏見を振り落とし、新しく多くの基本的問題について考えさせられた」と回想している。

ラッセルは、かくしてこのような現実の社会の動きと、人間の愚かな行動の原因を、冷静な観察と分析によってしらべようと考えた。彼は第一次世界大戦を契機として、従来の数学や論理学の研究から、新しく政治的、社会的な問題の研究へと、その関心の重点を移動させていった。もとより彼は、その後も論理学や抽象数学を全部棄てたのではない。しかし彼の研究の焦点はしだいに政治的な問題へと転回していったのである。それが彼のいう「論理学から政治学へ」ということばで表現される思想的な方向転換なのである。このときラッセルは四二歳であった。普通ならば、この年は不惑の年として固定する年である。しかし彼は、ここから新しい研究課題に向かってスタートとした。ここが彼の偉大なところであろう。

ラッセルは、大戦が勃発したとき、はじめは絶望と恐怖のために、「こんな時代に生きているのは全く地獄にひとしい――一九一四年以前に死んでしまったほうがよかった」と語っており、またどこか隠遁の生活でもしたいと述べていた。しかし思想的転換を決意してからは、「私はいまや全人格をこめてなすべき仕事を発見した。この仕事にたずさわるときほど、心をこめて何の躊躇《ちゆうちよ》もなく打ちこめることはなかった」と述懐するにいたった。

かくて、彼は消極的な態度をかなぐりすてて、澎湃《ほうはい》として盛りあがる世間の戦争気分を向こうにまわして、敢然として積極的な反戦運動へと突入することになった。ここで私は、かつてペンブローク・ロッジで、ロロ叔父が好んで歌っていた「今様讃美歌」の一節を思い出す。

なんじ悪事をする群衆に従うことなかれ、
　何よりも大切なるは強き意志なり。
人びとの歓心を買う邪悪な意志と斗い、
　群衆の叫喚《きょうかん》に反抗するために、
また、正義に背く王侯暴君の
　よこしまな意図を粉砕するために。

徴兵反対運動とガーシントンのグループ　このときイギリスは、知識階級をも含めて大多数の人びとが、ドイツに対して敵慨心を燃やし、ドイツを敗北に帰せしめようという意慾にあふれていた。ところがラッセルはそんなことにはかまわず、自己の信念にもとづいて戦争反対の運動を展開していった。まずラッセルは、ほかの平和主義者と協力して、平和主義プロパガンダの主な組織であった「徴兵反対同盟」（略してNCFという）の委員会のメンバーとなり、しかもこの反戦同盟の中心人物として活動することになった。ところで、この頃平和主義の立場で徴兵反対を主張するNCFの人びとのほかに、それほど積極的ではないが、良心的に徴兵拒否を主張する社交界から閉めだされていたグループがあった。これは「ブルームズベリー」グループといって、戦争のあいだこれを避けてある集会所に集まっていた。このグループの集会を主催していたのが、すでに述べたオットリン・モレル夫人であった。

モレル夫人は、毎週木曜日に、このグループをロンドンの自邸に招くことにしていた。客人たちは二階の大広間に集まり、ソフトな燈火や現代風の絵画に囲まれて、談笑したり室内楽に耳を傾けたり踊ったりした。ラッセルは踊らないで腰をかけて議論をしていた。またオックスフォード近郊のガーシントン荘には、フィリップ・モレルの農園があり、幾人かの徴兵拒否者たちが、この農園で働くことによって兵役を免除されていた。この邸でもパーティを開き、しかもこれはロンドンのモレル家での集まりよりももっと盛況をきわめていた。

ラッセルは、ほかの平和主義者と同じように、このガーシントンの常連であった。そしてこのなかでも彼は衆目の中心的人物であった。このなかには有名な文筆家オルダス・ハックスレーもいたし、またときには総理大臣や宰相も集まってきたこともあった。このような形を通してラッセルは反戦運動を進めていたのであったが、彼の挑発的な活動は、しだいにイギリスの人びとから心証《しんしょう》を悪くしていった。ケンブリッジでさえも彼の行動をよく思わなくなり、マクタガートをはじめ、多くの先輩たちも彼に敵意を抱きはじめ、彼のケンブリッジにおける地位すらも危うくなってきた。しかし彼はそんなことを一向気にしなかった。

ところが一九一六年に、このガーシントンのグループと関係した一つの事件がもちあがった。それはアーネスト・エヴェレットという徴兵拒否者が捕えられ、重労働二年の判決を受けることになった。さあＮＣＦは黙ってこれを見過すことはできなかった。早速ＮＣＦはこれに抗議するためのパンフレットを配布したが、今度はこれが不《ふ》穏《おん》文書であるとして、配布したものが検束されることになった。そこでラッセルは、「私がこのパンフレットの筆者であり、責任者である」という投書を「タイムズ」誌に送ったため、六月一五日、ラッセルはロンドン市長公邸で裁判にかけられることになった。

裁判にさいして、ラッセルはみずから自己の正当性を弁護する発言を行なった。彼の論理はきわめて破壊的なものだったので、彼の弁論と公判記録とは政府の手で発禁にされてしまうほどであった。彼の努力にもかかわらずついに有罪となり、罰金一〇〇ポンドを課されてしまった。しかし彼にとっての打撃はこれだけで終わらなかった。というのは、この事件がきっかけとなって、かねてラッセルの言動をにがにがしく思っていたトリニティ・カレッジは、その年の七月一一日に、彼を講師の職から正式に解任してしまった。

さすがに強気のラッセルも、母校から見放されたことには、非常な打撃を受けた。まさかと思っていたからである。しかしこれでへこたれるような彼ではなかった。以前にもまして彼は反戦運動をつづけていった。

『社会再建の原理』での呼びかけ

ラッセルは、もっとも戦争の激烈であった一九一六年（彼がガーシントンで事件を起こしたとき）に、一連の講演の草稿に手を入れてこれを出版することにした。これがラッセルを研究する人のだれでもが読む『社会再建の原理』という本である。

　これは彼が、人間活動は必ずなんらかの衝動や欲求にもとづくものであるという政治哲学を示すために書かれたものであった。彼は戦争の原因は、政治的つまり客観的条件であるとともに、人間性にひそむ心理的つまり主観的条件であり、しかも人間の衝動こそ、その究極的なものであると考えた。彼は、戦争を媒介として、人間活動の基礎である衝動を分析しようとした。

　ラッセルは、人間の衝動を「所有的衝動」と「創造的衝動」とに分ける。前者は、他人から何かを奪わないと自分の欲求の満足が得られないような衝動で、資本家の衝動がこれを代表する。これに対して、後者は、自分および他人の生活を発展させ、それがなければだれも生活を享受《きょうじゅ》できないような何ものかを設定する衝動で、芸術家の衝動がこれを代表すると考えた。「所有的衝動」は、それ自身としては悪いものではなく、イギリス名誉革命やフランス大革命やまたはソビエト革命は、そこに激しい生命的な力にあふれた衝動が息吹いている。歴史はこのような力によって推進される。しかしこの力が、社会を破壊する方向に働いたとき、「所有的衝動」は誤った活動を展開するのである。

　したがって、大切なことは、この衝動が建設と社会改造の方向にむけられたとき、それは「創造的衝動」として発動される。そしてこの「創造的衝動」が、知性や良識と結びついたときに学問、芸術、宗教の輝かしい殿堂が築かれるのである。ラッセルは、このように考え、現代社会が不幸にして、権力と不正のうえに構成されているから無力の状態をあらわしているのだとし、人間性の改善を通して、社会を改善しなければ

第一次大戦中の裁判で有罪宣告後街を去るラッセル

ならないと論じたのである。

このような趣旨の講演が、こともあろうに戦争の真最中に出版されるということは容易なことではない。ところが、平和主義をもって任ずる出版者スタンレー・アンウィンというイギリス出版界の大御所が、ラッセルの戦時論文をいくつか読んですっかり感心して、この論文を一冊の本にするだけの材料があるかどうかを、ラッセルに問い合わせたところ、彼から早速『社会再建の原理』がその返事として送り届けられた。これには出版社の取締役はどぎもを抜かれた。しかしアンウィンは喜んで、とうとうこれを出版することにした。

かくして、ラッセルは書物を通して民衆に呼びかけ、人間の幸福を訴えることになったのである。彼はいっている。「私は荒野にひとり叫ぶ声で終わりたくない。人びとに聴かれ、人びとに答えられる声となって語りたい」と。しかしながら、トリニティを追放されたラッセルにとって、イギリスの風は冷たかった。彼は、ハーバード大学から講義をしてくれと招かれていても、イギリスの外務省は、彼のアメリカ行きの旅券の発行を拒んだ。また国内で講演をしようとすると、マンチェスターのような離れた町ならよいが、近いところの禁止区域ではいけないとことわった。こうした意地悪い態度は、彼にどうひびいただろうか。

イギリスの議会では、政治家ロイド・ジョージなどは、ラッセルの講演は明らかに戦争の遂行を妨害するものであり、また陸軍の徴兵募集に対して重大な障害を来すものであると考えていた。しかしラッセルは少しもひるまないで、「これが歴史だ、われわれは歴史をつくり、良心を製造する仕事をやっているのだ」といってやりかえした。このような不穏な状態のなかで、ついにトラブルが生じてしまった。それはラッセルが、NCFの週刊誌「ザ・トリビューナル」に書いた一論文に端を発した。

このなかで、彼はアメリカ派遣軍の中傷と、イギリス政府自身への悪口を、彼一流の皮肉をこめたことばで論評したのである。たとえばこんなことばがあった。「……イギリス政府の頭にはおよそ考えなどは薬にしたくもなく、当局者は無知とセンチメンタルなたわごとで自らを慰めているのだ……」というような。これにはイギリス政府は、黙っているわけにはいかなかった。というよりも彼を抑えるよい口実をみつけたといったほうがよいであろう。

かくて一九一八年の二月に、ラッセルは召喚されて、ボウ・ストリートで裁判にかけられた。検事がその論文を朗読したとき、傍聴していた彼の友人たちは笑いこけたが、ついに彼は六か月の禁固を宣告された。彼は控訴審に上訴したが、この判決は支持され、五月に彼はハイヤーで監獄へ護送されることになった。そして世紀の哲学者ラッセルの囚人生活が始まるのである。

ブリクストン監獄の囚人　かつて、ケンブリッジで哲学・論理学を講義していたラッセルが、こんどは囚人として監獄で生活する。いかにも栄枯盛衰世のならいとはいえ、だれがこれを想像しえたであろうか。

彼の護送されたのは、ブリクストン監獄といい、そこでの監獄登録簿には、「囚人二九一七号、姓名B・ラッセル」と記入された。さてブリクストン監獄の囚人となったラッセルの生活はどんなだったであろうか。彼の独房は、兄フランクの妻エリザベスの世話で、机や椅子やベッドやじゅうたんなどが備えつけられ、書物にも花にも不自由しなかった。彼の独房は普通より大きく、そのために、一週二シリング六ペンスの室料を払わなければならなかった。

ラッセルが囚人として、最初にしたことは、典獄（ヘインズ大尉といってりっぱな退役軍人であった）のところへいって、「室料を滞納したらどうなりますか、またもし一銭も払わなければ追い立てをくうのですか。」とまじめにたずねたことであった。獄中生活は、普通は夜八時が消燈であったが、彼は十時まであかりをつけることを許された。彼は獄中の日課を作った。それによれば、毎日四時間の哲学著述、四時間の哲学読書、四時間の一般読書ということであった。一般読書は、ヴォルテールからチェーホフに、フランス革命史からチベットの旅行記にまで及び、これに数冊のスリラーまで加わっていた。

獄中のラッセルの面会は、毎週同時に三人だけみとめられた。そこでラッセルは、友人のうちで互いに気の合いそうな三人組を苦心してえらんだ。そしてこれらの面会者がくると、ラッセルは、みんなと監獄の庭のあづまやで、ちょうどアメリカの一等寝台車の「プルマン・カー」（数人ずつ部屋が仕切られている車）のなかにでもいるように楽しく語り合ったということである。このようなラッセルの獄中生活は、われわれの普通の常識ではとても想像できないのであるが、さらに驚くべきことは、彼がこの獄中にあって、すばらしい哲学上の著作の仕事をなしとげたということである。

彼がこの四か月半の獄中でした哲学上の仕事とは『数理哲学序説』を書き上げたということ、ジョン・デューイの『実験論理学論集』のくわしい書評をかいたことである。彼の執筆と読書は獄中でも決して衰えをみせなかった。当時典獄は、獄中から外へ出る彼の原稿を全部検閲しなければならなかったので、ラッセルは典獄にどうしたら『数理哲学序説』をわからせようかと思って苦心した。典獄もいっしょうけんめいにそれを読んで理解しようと努力したけれども、とうとう降参してしまった。そしてラッセルが、この本は何も破壊的なことが書いてないことを保障すればそれでよいということになった。つまりこの典獄は任務の上からとはいうものの、気の毒にも数理哲学の勉強をさせられたわけである。

ラッセルは、つとめて気軽に冗談をいった。そして典獄がそれに乗ぜられないように、わざといかめしい表情をしているのをみて喜んでいた。彼は獄中で何不自由なく生活したのであるが、ただ彼の生涯のうちで、病気のときは別として、このときだけが煙草を喫うことができなかったときであった。ラッセルはこのようにのんびりと獄中生活を楽しんでいたのであるが、それは彼がこんな生活はすぐ終わるということを知っていたからかも知れない。またじつのところ、それは投獄に対する深い傷心を隠そうとする擬態であったかも知れない。

それは、彼が獄中から秘密に出した手紙のなかで、いかに人間にとって、空を仰ぎ友と行を共にしながら話すことが大切なことかを強調し、その文明的会話が恋しくてたまらないと書いていることからもわかることである。あの孤独と苦難を克服してきた一代の英雄ラッセルといえども、またわれわれと同じ血の通う人間なのである。

ラッセルは、一九一八年の九月、戦争の終結を目前にして釈放された。獄中での生活は、何よりもラッセルに、人間の自由の尊さを実感をもって体験させた。彼が監獄を去る直前に書いた一文のなかで、次のことばは、あたかも最上のエッセイといわれた『自由人の信仰』にも比すべき人間精神の美わしい証言のひとつであろう。

「心像はひとつ、またひとつと私の脳裡に去来する。―アルプス山中の早暁、雪をかぶった松の香り、山の牧草地は朝霧に輝いている―山を下れば、ガルダ湖が見えはじめる。そしてさらに下には、狂ったスペイン・ジプシーの笑った眼差しのように日光を浴びて踊り、きらめきながら―地中海の嵐、濃紺の海、はるかかなたにコルシカの山々が陽光につつまれて見える―おとぎばなしのように夢幻的に―」

彼の冴えた筆の運びはさらにつづいてゆく。

「私の頭のなかには、自由なもの、美しいものの姿が浮かんでくる。肉体を閉じこめても、精神が自由ならば、閉じこめた甲斐はない。私はこの獄中生活で、自分の実生活を超越して、ブラジルに、中国に、チベットに遊び、またフランス革命を体験した。……この心の旅のあいだ、私の現実の世界が、目下閉じこめられている牢獄の存在を、私はすっかり忘れ去った。私は自由だ。そして世界も自由にしなければならない。」と。

こうしてラッセルは出獄し、それから約二か月ののち、一一月一一日に、彼はロンドン市民が歓喜に踊り狂うというあの戦勝という歴史的な瞬間を街頭で迎えることになったのである。

哲学問題の解明へ

獄中にあったときのラッセルの心理的傷痕は、出獄するや再び消え去って、以前と同じように哲学の理論的問題の解明に専念した。とどまることを知らざるラッセルである。

最初の仕事は、ロンドンでの一連の講演の準備で、この仕事はすでにブリクストン監獄にいたころから始められていた。この講演の企画は、彼が釈放された年に、若干の友人が集まって私的な基金を作り、そこからラッセルに哲学の研究をしてもらうということで考え出されたものであった。そしてこの講演はのちに『精神の分析』(一九二一年)という題で出版された。

彼は獄中で人間精神の自由を強調した。ところで人間精神が自由になるためには、「精神」と「物質」との関係を問題としなければならなかった。従来の伝統的な哲学では、精神と物質とを完全に二元的に分けて、それぞれ観念論と唯物論とを成立させていた。しかしラッセルはアメリカのウィリアム・ジェイムズの影響を受けたりして、世界は精神とも物質ともつかない中立的なもので、精神も物質もその構成材料にすぎないのではないかと考えた。これは、いわゆる「物心二元論」に対する「中立一元論」という哲学の立場である。

このことは、七年前に、彼が『外界の認識』において物質に加えた分析を、同じように精神にも加えたものであった。その意味でこの両著は、ラッセルの認識論の概要を知るうえで重要な意義を持つものである。そしてこの考えはやがて『人間の知識』(一九四八年)にあらわれる晩年の思想へと発展してゆくのである。

マルクス主義への賛否

ソビエト・ロシアを訪ねる　この頃からラッセルの眼は、ヨーロッパから世界の新しい舞台であるアジアに向けられていた。そう、二〇世紀の問題はアジアにあったのだ。われわれも改めて広大な土地を有し、若いエネルギーの躍動しているアジアを眺めてみよう。そこには、ソビエト・ロシアあり、中国あり、そしてわが日本がある。そしてラッセルは、これらの国をつぎつぎと訪問するのである。

ラッセルは、前から現在の社会を維持している資本主義という社会体制が、戦争と必然的に結びつく有力な原因であり、この資本主義をこわさなければならないと考えていた。それが彼をして社会主義への深い関心となっていた。そのためにこそ、彼はまだ二〇代のとき、二度にわたってドイツを訪問して、この国の社会主義を研究したのであった。しかしそのときから彼は、いつか必ずソビエト・ロシアへ行ってみなければと考えていた。

一九一七年一〇月に、ロシアに革命が起こり、つづいてレーニンに指導されたボルシェヴィキ（ボルシェヴィズムとは、帝国主義とプロレタリア革命時代におけるマルクス主義のことで、常識的には、ソビエト共産主義のイデオロギーのことである）（ソビエト共産主義者）が権力を掌握するに至ったとき、ラッセルは他の社会主義者たちと同じように、この革命を熱烈に歓迎した。このとき彼が、のちの労働党の重鎮となったクリフォード・アレンに送った手紙には、「世界は日ましに希望を増している。レーニンとトロッキーだけがその明るい地点である」と書いてあって、ボルシェヴィキはたしかにラッセルを喜ばせるに足るものであった。

ラッセルが、革命の過程とその成果を、自分の眼で確かめたいと思っていたその機会が、まもなく到来した。一九二〇年五月、彼はイギリス労働党代表団の非公式メンバーとして、ソビエト・ロシアを訪問することになった。この一行の滞在期間は約一か月間であった。かれらは特別仕立ての列車で各地を視察した。そのときの熱狂ぶりは、国境近くなってソビエトの国旗が見えてくると、代表団全員が「インターナショナル」の歌を合唱しはじめたというほどであった。

ラッセルは、ロシア訪問によって何を知ることができたであろうか。彼はかつてドイツで研究したマルクス主義が、ロシアにおいて具体的にどのようにあらわれているかを観察しようとした。もとより現在のように、総合技術教育によって数次の建設計画を遂行したソビエトと、五〇年前のラッセルの観察したロシアとは非常に違っていたのであろう。彼は公式代表ではなかったので、ときには儀礼的な催しは出席しないで、できるだけ町や村へいって一般民衆と接する努力をした。そしてそこで彼が奇しくも見出したものは、民衆の貧乏と悲惨であった。

彼は疲れはてた人びとが国営パン店の外で長い行列をつくって、配給を辛抱強く待っている光景を見た。

また他の代表者と同じようにわざと古い服を着ていったのに、かれらが傍に寄ってきて、その服装を鑑賞したりさわったりする情景も味わった。このことは、現在のソビエトでもある程度いえることであって、これはあの広大なシベリア大陸における食糧事情の問題と、国家発展の重点が機械技術の進歩に向けられていて、どちらかというと個人的な生活条件の整備にまで徹底しなかったことによるものである。しかしラッセルには、この状況が強く印象に残ったのであった。

しかしそうかと思うと、ラッセルはどこを歩いても泥酔者《よっぱらい》がいないこと、またとくにモスクワでは非行者が全然見あたらなくて整然としていることを発見した。彼はこのことを、「道徳的な秩序ある都市というのが全体的な印象である」といっている。このソビエトの道徳的水準の高さは現在に至るまでずっと続いているのである。これはソビエトにおける教育のすばらしい成果ではないだろうか。

ラッセルは、またロシアの指導者トロッキーやレーニンとも会見した。トロッキーは彼にきわめて好印象を与えたが、レーニンの印象はあまりよくなかった。イギリスのような国では、平和的な革命ができるのだと、いくら説明しても彼は全然信用しようとしなかった。ラッセルは彼のそういった狂信的なまた不遜《そん》な態度にひどく失望を感じてしまった。短いロシア訪問ではあったが、ラッセルは革命直後のロシアの状態をするどく観察し、そこに明かるい面と暗い面とが並存していることを知ったのである。

『ボルシェヴィズムの実践と理論』　ラッセルは、当時のロシアの民衆が、極度に物質的に貧乏状態におかれていることと、しかし社会的秩序と精神的な道徳水準が高く維持されていることを知った。そしてまた一方に、指導者たちが新しい社会を建設しようと努力しているのに、他方に権力にものをいわせ圧制と狂信による支配を行なおうとしていることも知った。

かくてラッセルは、そこに自分の持っていた哲学とひどく違った哲学があり、マルクス主義が必ずしもその通り行なわれていないということも発見した。ロシアを訪問した代表団の一行は、帰国して、ロシアがどんなにすばらしいかという礼讃を聞こうと、熱心に待ちかまえている大衆の熱狂的歓迎を受けると、自分たちのロシアでの暗い記憶をだんだんと稀薄にして、その報告はしだいに明かるくなっていった。しかしラッセルは、慎重にロシアおよびマルクス主義に対する批判的分析を書く仕事に取りかかった。これが『ボルシェヴィズムの実践と理論』（一九二〇年）である。

ラッセルは、マルクス主義が、つねに科学的に現実社会を分析し、あらゆる希望的な思考やロマンティシズムを斥《しりぞ》けてきたことを高く評価する。また歴史の過程を説明するのに、歴史は階級と階級との斗争によって発展するという「唯物史観」は、いろいろの欠点を持ってはいるが、きわめて重要な問題を提供していることも認めている。このことは、この本のなかで、彼が「私は社会主義は世界にとって必要だと信じ、またロシアの英雄的行為は、将来における社会主義実現のために欠くことのできない仕方で、人類に希望の灯をともしたものであると信ずる」といっていることからも理解される。

このように、ラッセルはマルクス主義を、ある観点から評価するのであるが、それとともに冷静に次のように批判を進めてゆく。彼はマルクスの理論体系のなかに、ヘーゲルの弁証法論理が利用されていること、「階級斗争理論」において階級の役割が偏重されていること、および「剰余価値理論」が正当でないことなどを指摘する。しかし、なかでもとくに彼がマルクス主義とその哲学に反対する最大の理由は、マルクス主義のもつ特有の公式主義的な、教条主義的な性格である。いいかえれば、マルクス主義の宗教的、メシア的な性格から生ずる不寛容な雰囲気なのである。

ラッセルは、社会主義それ自体について懐疑的であったのではない。むしろ一つの信条を強く信奉するあまり、そのために広汎な範囲にわたって悲惨な生活を人びとに強制するようなことが賢明であるかどうかについて懐疑的であったのである。彼はまた暴力革命や、プロレタリアート独裁に関するマルクスの理論は、実践において種々の弊害はやむを得ないと思っていたが、これも彼の体験を通して悲観的な見解をとらざるを得なかった。

そのため彼は、この本のなかで、「私はボルシェヴィキの希望的観測に賛成することはできない。この種の希望は悲しむべき幻想であり、世界に将来何世紀にもわたって暗黒と無益な暴力とをもたらす宿命を負った考え方であると思う」と書いている。このようにラッセルは、たしかにマルクス主義やボルシェヴィキに対して、検察側の主張と弁護側の主張とをあわせて示したと思われる。彼はまさに自由な知性が人間の進歩の主導力であると信じていた。その彼であってみれば、ローマ教会に対すると同じように、ボルシェヴィズムに対しても、根本的に反対しないわけにはゆかなかったであろう。

彼はいっている、「共産主義を鼓舞している希望は、大体において山上の垂訓の教えるところと同じくらいりっぱである。しかし前者は後者に劣らぬほど狂信的に信奉され、また後者に劣らぬほどの害を生ずるおそれがある」と。このように、彼は現実の共産主義の行動における信条への忠誠、宗教的狂信に対して、本能的に危惧《きぐ》と不信とを感じていたのであった。

共産主義は宗教なのか

ラッセルによれば、マルクス主義は、教条的・宗教的性格を持つものであった。そもそも、マルクス主義は、「宗教は阿片である」として排斥し、社会を科学的に分析する理論であった。その科学的社会主義であるマルクス主義とくに共産主義を、宗教的・メシア的性格を持つものであると考えるところに、ラッセルの独特の考え方が存在している。

このように、共産主義（コミュニズム）を一種の宗教であるとみなし、キリスト教と同じように、迫害を正当化するために用いられうる宗教であると指摘した最初の論者はラッセルである。彼は最初の作品『ドイツ社会民主主義』（一八九六年）のなかで、すでにマルクス主義を宗教と呼んでいたということからも、彼の立場は理解されるところである。

この考え方は、ボルシェヴィズムの理論に関して、さらに徹底され、しかもこれは、後に出版された論文集『なぜ私はキリスト教を信じないか』（一九五九年）のなかでもみられる態度である。この本の序文で、彼は次のようにいっている。「私はむかしほど既成の宗教に対して反対の立場をとらなくなっているという噂が近年流れているが、これは全くちがっている。私は世界の大宗教――仏教、ヒンズー教、キリスト教、回教および共産主義――はすべて真でないと同時に有害でもあると思っている」と。ここにも彼の既成宗教に対する態度と共産主義を宗教として取り扱っているということがわかるであろう。

じじつラッセルは、共産主義のもっとも危険な諸特色は中世の教会のそれと似ているとし、一九四五年に書いた『西洋哲学史』のなかの、聖アウグスチヌスの哲学を論じた章のなかで、次のような対照辞書を示している。ここで聖アウグスチヌスは、これをキリスト教に合わせ、マルクスはこれを社会主義に合わせた。

エホバ＝弁証法的唯物論
救世主＝マルクス
選　民＝プロレタリアート
教　会＝共産党
再　来＝革命
地　獄＝資本家の処罰
千年王国＝共産主義社会

この表で、上は下の情緒的内容を表わし、このような情緒的内容はキリスト教やユダヤ教の雰囲気のなかで育ったものにはなじみの深いものであり、これこそマルクスの終末論を人びとに信奉させているものなのである。

このように、マルクス主義に対するラッセルの反対理由は、この哲学の内容もさることながら、むしろそれに付随する教義的、宗教的な雰囲気にむけられている。すなわち、ソビエト共産党を中世の教会に擬して、その不寛容と異端者への迫害をきびしく攻撃したのである。このことは、ラッセルが、イギリスに適した社会主義は、共産主義ではなくて、もっとちがったものでなければならない（たとえば産業自治制のような）ということを示唆《しさ》しようとしたのでもあった。

しかし、彼の努力にもかかわらず、『ボルシェヴィズムの実際と理論』の本は、イギリスの社会主義者たちのはげしい反感を買ってしまった。それはラッセルから、熱烈な革命を礼讃する意見が出てくることを多くの友人たちは期待していたからであった。たとえ彼の批判が正当であっても、それは反動的な立場からロシアを攻撃しようとする保守主義者に力を貸すおそれがあった。そして友人たちは、ラッセルの忌憚《きたん》のない批判を裏切り行為であると感じ、しだいに彼から離れてゆくことになる。

すでに戦争への反対のために、多くの友人を失っていたラッセルは、今度はまたロシアへの批判のために、新しく得た平和主義者の友人を多く失うことになった。クリフォード・アレンとの不和も、ここからはじまった。大戦中ラッセルの肩をもって、議会で論陣をはってくれたトレヴェリアンとの意見の相異もここからはじまった。かくてラッセルは、自分は完全に孤立しているのだという実感を持つにいたった。こうしてラッセルは、まさに四面楚歌《そか》の声をきく。あたかも敵軍に包囲された中国の英雄項羽《こうう》のように。彼は「虞《ぐ》や虞や汝を如何にせん」と叫びたかったであろう。しかしこの孤立したラッセルを、虞姫《ぐき》と同じように力づけてくれた一人の女性があった。これがのちに彼の二度目の夫人となったドーラ・ブラックなのである。

ドーラは、才能もあり、精力と活気にみち、また当時としてはきわめて型破りの考えを持っていた女性であった。彼女は、一九一九年に連合軍の捕虜となっていたヴィットゲンシュタインに会いにゆくラッセルに同行し、翌年には彼とともに中国へ行くことになる。

中国の将来を見ぬく

イギリスの政府当局者の大部分が、まだだれも中国に関心を示そうとしなかったときに、ラッセルは世界情勢に対する中国の将来の重要性を早くも見ぬいていた。四億の民を有する大陸の中国は、一九一一年に辛亥《しんがい》革命を行なって、その翌年に中華民国として新発足し、一九一九年には、五・四運動（帝国主義反対を叫んで学生・青年が抗議デモを行ない、これに全国民が参加した民主主義的な運動）を起こし、着々と発展の途上にあった。

彼は中国の問題として、まず外からの侵略に対抗できるために、伝統的な生活様式を棄てて、国力を充実しなければならないこと、次に科学技術を発達させて、しかも西欧工業主義の諸弊害を避けなければならないことを考えていた。現在の中国の躍進ぶりを眼のあたりみるとき、われわれは、改めて四〇数年も前に中国の将来性を指摘したラッセルのけい眼に感服せざるを得ない。

ラッセルは、ロシア訪問から帰ると、まもなく、一九二〇年にドーラを伴って中国を訪れ、約一年間を講義のために北京で過すこととなった。彼は中国についても、ロシアの場合と同じように、その状態をつぶさに観察し、その明暗の両面を考察した。彼の極東訪問の成果は、『中国の問題』（一九二二年）として刊行されたが、これは中国研究におけるすぐれた労作である。このなかで、彼は次のように要約している。「中国は、自己自身の精力のなかに活路を求むべきで、外国の善意に頼ることはできない。――しかし自己の独立を保全するに足るだけの国力をたくわえる過程において、中国は帝国主義に乗り出すに足る力を得る危険が大きいことに気をつけなければならない」と。

彼は、このときは中国については、資本主義とか社会主義とかいうことよりも、どうして工業化政策を行なうかということに重点をおいていたようである。そしてこの問題から、彼は科学技術と人間の価値の尊重という問題をどのようにして両立させるかについて、ドーラの協力を得て、その翌年に、『産業文明の将来』（一九二三年）を出版した。ドーラはすでに、ラッセルとは別にロシアを訪問して、ボルシェヴィズムの熱烈な礼讃者となっており、ラッセルといっしょに中国を訪問したことによって、たがいに意見を交換しながら、この本をあらわした。

ラッセルは中国で、「三民主義」を唱え今日の中国建設の基礎を築いた先覚者、孫文にあやかりたいと思っていた。ラッセルは孫文こそ中国を救いうる自由主義者であるとほめ、また孫文も、ラッセルこそ中国を理解した唯一のイギリス人であるといってほめたたえた。当時のイギリスの対中国政策はきわめて愚かであったので、イギリス帝国主義をあえて批判するイギリス貴族ラッセルの来訪は、中国人にとっては感激的な存在であったらしい。北京大学の学生たちは熱狂して、ラッセルの見解を広めるために特別な「ラッセル雑誌」を発刊したといわれる。ただ宗教に関する彼の考え方に対して、宣教師たちははげしく批判的であったのはやむを得ないであろう。

しかしラッセルの中国訪問（ドーラを伴っての約一年間の）には、予期せざる事態が待ちかまえていた。それは彼が病気になってあやうく生命を落としそうになったという事態である。彼は寒い北京の隙間風が遠慮なく吹き込む講堂で、連続的な講義をつづけ極度に疲労した。そんなある日、西丘へドライブしたため悪寒におそわれ、それがもとで急性肺炎になってしまった。彼の病勢は悪化して、数週間危篤状態をつづけた。

文人墨客清遊の地西湖

北京の人びとは、見舞品を病院へ贈り、また中国の賢人たちは、彼の万一のことを考えて、往時の文人墨客清遊の地として名高い西湖（これをなぞらえて作ったのが広島の縮景園《しゅっけいえん》である）のほとりにとくに廟を建立して、そこへラッセルを埋葬したいと告げたといわれる。しかしラッセルは死に直面しても、その不屈の勇気と快活さとを失なわかった。ある医師の話によれば、衰弱がひどくて口がきけなかったときは、さすがに本当の哲学者らしくおとなしくしていたが、正気にかえるやいなや、いつも冗談をとばしていたという。もちろん、ドーラは病床中ずっと献身的な看護をつづけた。

おもしろいことは、ラッセルが死んだという新聞記事が発表になって、これを信じた人もあった。しかしとにかく、みんなの努力で彼は生命をとりとめ回復することができた。そのため彼は自分自身の訃《ふ》報を伝える記事をいくつも読む特権を得たわけである。かくして、中国訪問によって、この古い文化の国から新しい知識を吸収したラッセルたちは、途中日本に立ちよることになった。

日本の招かざる客

ラッセルが日本を訪ねたのは、彼の長い生涯のうちで、中国旅行からの帰国の途中の、一九二一年の夏のときだけである。日本はちょうど、大正一〇年にあたり、第一次世界大戦後の資本主義の独占化の状況とデモクラシー運動とが対立していた全般的危機の時代であった。そしてしだいに国家主義的な傾向が強くなり、軍事国家をめざして進みつつあった。したがって、われわれが想像するのに、当時の日本では自由主義的思想をもち社会改造と非戦論を主張するラッセルの訪問は、おそらく「招かざる客」であったのではないだろうか。

ラッセルは、北京から神戸に上陸した。そしてただちに京都へいって、都ホテルに落ち着いた。はじめは京都で講演会をする予定であったが、警察への届け出が時間切れでできなくなり、そこでやむなくホテルで京都大学その他の学者二七人と懇談会をもつことになった。そのときに西田幾多郎は、ラッセルの印象を「彼は社会改造を唱える人であるから、街頭に立つ志士風なところもあるかと思ったら、落ち着いた学者風の人で、何だかプリンキピア・マティマティカが、彼の本質らしく思った」と語っていた。

　ラッセルの講演会は、東京の慶応義塾大学の講堂で開催された。聴衆は堂にあふれ、延々と入場者の列は三田の電車通りまでつながる盛況であった。おそらく当時として、大政治家の憲政擁護大講演会でさえも、ほとんど比較にならないほどであったといわれている。いつの講演会でも思想家の講演には必ず警察官が臨席して言論を取り締まるのが当時の習慣であった。しかしラッセルのときは、彼の講演内容の学説があまり深遠高尚なので、臨席していた検閲官は、きっと聴衆には理解できないから、社会に害悪は及ぼさないだろうと考えて、あまり取り締まらなかったようである。しかし、何ぞ知らん、そこに集まっていた聴衆は、日本の知性の代表的な粒選りぞろいであった。

　ラッセルは東京では、帝国ホテルに泊った。そこの客室で会見した桑木厳翼は、次のようにいっている。「彼は顎も鼻も尖ったいかにも神経質らしいが、太い直線の眉はイギリス紳士の毅然たる風格をしのばせるものがある……」と。彼は元来新聞記者ぎらいであって、横浜で上陸するさいに一事件があった。彼が埠頭へ上がったとき、新聞記者団が一斉にレンズを向けて、フラッシュ・ライトを真正面からたいた。彼はこれを止めようと試みたが、だめだった。そのためドーラが白煙で苦しくなり、ころび落ちそうになった。彼はここで性来の短気を爆発させて、所持していたステッキでカメラマンに打ってかかり、かれらを退散させてしまったということである。

　いろいろのことを総合してみて、ラッセルは、日本滞在において、あまり良い印象を受けることができなかったのではないだろうか。最近、ヴォーボワールとともに来日して、各所で非常な歓迎をうけながら講演し、ゆっくりと日本の各所を見物したサルトルと比べたときに、時代の差とはいいながら、とくにその感を深くするものである。

帰国後、ラッセルはすでに永らく別居していた最初の妻アリスと正式に離婚し、まもなくドーラと結婚して、チェルシーのシドニー街三一番地に居を構え、著作と政治とに積極的に活動することになった。そしてこのチェルシーで二人の子どもが生まれる。第一子はジョン（一九二一年生まれ）といい、第二子はケート（一九二三年生まれ）という。

内外ともに平穏な著作活動

アメリカ講演とプラグマティズムの批判　ラッセルは、中国および日本から帰国して、大体一五年間比較的に平穏な学究生活にはいった。その間の彼の活動は、労働党の候補として立候補したことを除けば、ほとんど著作と講演による生活であった。

すでに彼は一九〇七年に、ウィンブルドン選挙区で立候補して痛い目にあっていたが、一九二二年と翌二三年の二回にわたり、今度はチェルシー選挙区から下院に労働党候補として再び立候補した。しかしチェルシーは保守党の地盤のため二回とも敗北に終わった。おもうにラッセルは、政治的雰囲気のなかで育ったけれども、その徹底した知的卒直さと、真理への妥協のない誠実さとは、実際政治家としては欠点であり、その意味では選挙に敗れたということは彼にとってはよかったのではないだろうか。かくて彼は実際政治に参加することを断念し、著作や講演で身を立てることを決心した。

ではまず彼の数度にわたるアメリカでの講演旅行から述べてみよう。ラッセルが、アメリカで始めて講演したのは、一九一四年のハーバード大学でのロウエル講演であった。これにつづいて一九二〇年から三〇年代にかけての数次の旅行は、彼にアメリカをあらゆる角度から観察させるのに役立った。彼はすでに、アメリカの特徴の多くが、開拓者《パイオニア》的な文明の持つ諸価値に由来すると考え、そしてこれらが政治的、経済的ならびに社会的諸条件と結びついて、世界における最強の国家となったことを認めている。そして彼は、そのころ出版した『懐疑評論集』（一九二八年）のなかで、「アメリカとロシアがそれぞれ個人主義と共産主義とを代表する現代の唯一の強国であり、世界はこれらの相対立する哲学のあいだの不寛容な新しい時代に突入しつつある」ということを予言していた。

ラッセルのアメリカの観察は、同時に望ましくない事態にも触れている。すなわち、資本主義の独占的形態への移行のために、理論上では民主主義を基礎としながら、実際上では経済的な不平等になっていること、社会の階層がつねに変動しているので社会的秩序が固定していないこと、そして市民の無意識の欲望が犯罪の増加を来たしていることなどをあげている。ここで重要なことは、ラッセルがアメリカに対する態度を、根本的にソビエト・ロシアに対する態度と同じ立場、すなわち「不寛容」という問題で取りあげているということである。

すなわち、ラッセルは、アメリカには「群衆の専制」があり、ロシアには「少数者の専制」があるというのである。そしてこれは前者が「プラグマティズム理論」に、後者が「マルクシズム理論」に立脚した問題であるという。ここから彼のプラグマティズムの批判が展開するのである。プラグマティズム（実用主義）は、生活経験を重んじそれによって新しい行動をみちびきだそうとするもので、生活に有用であるかどうかによってその真理性が決定される。

ラッセルは、このプラグマティズムの形成に力あったデューイの「道具主義」（人間の行動に役立つものが道具で、知性も思考も道具とみる）の考え方が、宇宙に対する不敬を犯しているとした。彼は機械技術の助けをかりて、人間の環境を改善する力を手放しで信じこみ、そこから生ずる知的な態度に不安の念を感じたからであった。

彼はプラグマティズムに関しておもしろいことをいっている。それは「ハリウッド」の思想がなんらかの形でプラグマティズムの哲学と関係があることを発見したからである。彼はアメリカ映画を見にいって、ハリウッドの映画製作者の目標が、ただ観客に幸福感を味わわすことにあることを知った。映画はもともと芸術の一形態として、はかり知れない可能性を持つものである。しかし彼は、ハリウッドが民衆のなかのもっとも無知蒙昧《もうまい》な層に媚《こ》びており、これこそ芸術に名を借りた蛮行の例であると嘆いて、それ以後は映画を見にいかなくなった。たしかに一九三〇年初期のハリウッドに関するかぎり、彼の批判は当たっていたのである。

チェルシーで下院選挙に出馬するラッセル

『科学的展望』にみる科学のあり方

ラッセルの著作活動は、この時期において最高潮に達した。しかもその著作は、哲学、社会理論、科学、教育および道徳ときわめて広い領域にわたっていた。

まず哲学の領域では、『哲学概論』（一九二七年）、『物質の分析』（同年）があり、社会理論では、すでに取りあげた『産業文明の将来』（一九二三年）をはじめとして、『自由と組織』（一八一四〜一九一四）（一九三四年）、『権力論』（一九三八年）などがあり、また科学論においては、『科学的展望』（一九三一年）、『宗教と科学』（一九三五年）などがある。そして彼は、第二次世界大戦までの約一五年間に、主要著書だけでも毎年平均して、一〜二冊ずつ、さらに小さい出版物や雑誌論文および書評などが加わると、じつに厖大《ぼうだい》な量にのぼり、まさに驚くべき著作活動である。

われわれは、ここで彼の科学論における考え方をみてみよう。現代は科学技術が長足に進歩した時代である。技術革新の時代ともいわれる。すべてのものは科学や技術によって解決されようとさえしている。ラッセルは、科学的認識の上に哲学の体系を構築した、科学を理解する随一の哲学者である。そして彼はまた「科学とは何か」「科学的なものの見方とは何か」というもっとも根本的なことを主張した哲学者でもある。しかし、そうした科学技術の進歩に比べて、人間の精神や道徳は依然として閉鎖的な状態から脱皮できないでいる。こうしたアンバランスが生じている現代社会にあって、改めて科学技術とは何かを検討することは、きわめて大切なことであろう。

このような観点から書かれたものが、『科学的展望』（一九三一年）である。この本は、第一部「科学的知識」、第二部「科学的技術」および第三部「科学的社会」から成っている。ラッセルはこのはじめに、科学とは本来的には、一般的な法則を求めるような知識であるといい、この科学的知識は、「科学的精神」を媒介として発展したもので、科学的精神こそ合理的な要素を持ったものであることを指摘する。いいかえれば、この合理的精神が近代科学を成立させたのであり、この科学的精神に裏付けられてはじめて、科学の正常なる進歩・発展がありうるのである。しかしラッセルによれば、この「科学的知識」が、いつのまにか「科学的技術」に変質してしまったというのである。本来技術は人間の精神に従属するものである。それがいつのまにか、反対に人間の精神を支配してしまった。

ラッセルの兄フランク

このように論ずるラッセルは、科学的なものの見方をどう把えていたのであろうか。彼のいう科学的ものの見方というのは、経験主義にもとづき、懐疑を媒介として合理性を追求する態度である。人間の理性に対しての基本的な信頼をふまえたうえで、われわれの判断はつねに誤謬《ごびゅう》を含んでいるということへの戒心を怠らない態度を堅持することである。彼はいっている、「科学とは、経験的なもの、試行的なもの、また非独断的なものである」と。彼がもっとも嫌うのは、これが絶対に正しいのだという確信の過剰であり、確固不動の教義はすべて非科学的なのである。すなわち、科学の進歩によってすべての問題が解決すると考えるものこそ、確信の過剰であって、そのような態度は決して科学的とはいえないのである。

科学というものは、ある目的が設定されたときに、その実現のためにどの手段が最適であるかを示すことはできるが、目的そのものの正しさを証明することはできない。ラッセルは、これを科学とは、汽車の「時刻表」のようなものだとたとえている。その旅行がどんな目的をもっていたとしても、時刻表は旅行者にとって、あくまで手段としての役にしか立たないものである。その目的を決定するものは、人間の主体的な価値判断なのである。

この『科学的展望』が出版された年に、兄のフランクが死去した。

この時期におけるもう一つの科学論として注目すべきは、「ホーム・ユニヴァーシティ・ライブラリー」の一巻として書かれた『宗教と科学』（一九三五年）である。ここで彼は、科学的知識が非科学的独断、とくに宗教的ドグマによって阻害されてきたことを論じ、科学と宗教との対立の問題を指摘する。この宗教的独断が、真理の自由な探究をはばみ、科学の進歩を危うくするのである。彼はしだいに増大しつつある政治権力における不寛容の体制が、科学の進歩をますますマイナスにすることを警告する。

彼は政治権力が、宗教的な大衆操作によって、真実を隠蔽《いんぺい》しようとする傾向をキャッチして、あくまでも科学的真理の重要性を主張したのである。われわれは、彼のそうした姿勢のなかに、科学の本質や方法を示した彼の考え方を理解することができる。

因襲道徳の殻をやぶる　ラッセルのこの著作生活のなかで、もっとも人間生活に直結する男女関係の倫理、結婚および幸福などについて論じたものが二つある。その一つは『結婚と道徳』（一九二九年）であり、もう一つは『幸福の克服』（一九三〇年）である。そして前者がとくに彼独自の奇抜なセンセーショナルな注目を浴びたものであった。

従来の伝統的な道徳は、因習やタブー（禁忌）などの神秘的な要素をもち、それが多くの人びとの倫理的判断を支配してきた。現代のような科学の進歩につれて、このような反理性的な倫理の影がうすれつつあるのは事実であるが、なお各種の習俗のなかにいろいろの弊害をかもし出していることは無視できない。

ラッセルは、このような伝統的倫理を、迷信倫理とよび、この迷信倫理が当時のイギリスの法律に影響を及ぼしている適例として、一九三六年に上院で否決された「安楽死法案」をあげる。この法案は不治の病にかかった人を、はげしい苦痛から逃れさすために、病人と縁者や医師の同意によって、自然死より少し早く死期を与えることを目的とするものであった。これが「生命の灯が消えうせるべき刹那を決定する、ただひとりの神のみに許されている全能の力」をふみにじるものとして否決されたのである。ラッセルは、これこそ理性に対する迷信の勝利であるといっている。

さてラッセルは、この伝統的、因襲的道徳の迷信性がとくに性道徳に強い影響を及ぼしているという。たとえば種々の形式の同族結婚を禁じる法律や規則が広く行なわれていたり、また近親結婚が恐怖でながめられたりしている。ラッセルは、このような性道徳の因襲にするどい批判を加え、合理的に性生活を位置づけようとしたのである。

彼は基本的な立場として、性というものは何ら神秘的なものではなく、それが神秘感をもつのはすべてヴィクトリア朝時代の道学者たちの無知蒙昧主義のせいであるとする。したがって、彼は性についてのあらゆる知識を、子どもに授けることが可能であり大切であると主張する。ところが、因襲道徳は、幼年期から思春期、青年期をへて結婚にいたるまでに、人びとの恐怖やおたがいの誤解やさらに神経的緊張などで、大切な愛情というものをそこなわせてしまう。彼によれば、「性に関しての愛を牢獄におしこんでしまったので、それに伴って、すべての他の形の愛も投獄される羽目になってしまった」というのである。こうして彼は因襲道徳をやぶり、迷信から自由になることを主張する。

ラッセルが夏を過ごした北ウェイルズの小屋

ここから彼の全く独特の見解が提出されてくる。それはかってJ・S・ミルが、女性の隷従の原因を分析して婦人解放を唱えたように、ラッセルは、男性と女性とは根本的には差がないといい、知能的に女性が劣るといわれているのは、女性が性に関する好奇心を禁圧されていたからであるとして、男女平等運動を唱えたのである。それから彼の考えはさらに男女間の愛情の問題に発展する。彼は、世の中には自分が会ったならば、とても好きになってしまいそうな女性がたくさんいるのに、ひとりの女性を終生愛すると約束することができるだろうかと疑問をもつ。そして彼は、「われわれの多くが、厳格な一夫一婦制を強行している試みは、はたして世のなかに幸福をもたらしているのか、ことによると防ぐことのできない不幸をもたらしたのではないか」と発言するにいたった。

ラッセルは、伝統的で常識的な道徳に疑問をもち、人間に何か抑制が必要であるならば、愛情という自由で喜びにみちた感情を抑制すべきではなく、嫉妬という否定的で抑圧的な感情を抑制すべきであると考えたのである。すなわち、彼はおそらく愛情の欠けた生活のなかで、伝統的道徳にしたがって虚偽をつづけることよりも、因襲道徳の殻を破ってでも真実の愛情に生きるべきであると考えていたのではないだろうか。たしかに彼のいっていることは重大な問題を含んでいる。ただ伝統的道徳で生きてきた人びとには、なかなかこの殻を破ることはむずかしいのではないだろうか。

ラッセルは、この因襲道徳の殻を破った。そして彼独自の道徳観にしたがって、ついに四度も結婚することになり、世間に種々と影響を与え、そしてまた彼の考えが不道徳であり、挑発的であると非難されるわけである。ただ彼は、新しい道徳の原則は、男女がたがいに全人格を暖く包み、おのおのが豊かになり、価値を高めあうような融け合いにみちびく誠実な愛が、できるだけたくさんなければならないと考えていたのであって、彼の本意もまたここにあったことを理解しなければならない。

いずれにせよ、彼の道徳についての発言と行動は、常識的思考を破る奇人的行動であるのか、それとも近代的自由を示す時代の先達《せんだつ》的行動であるのかは、これからの若い諸君たちによって、きめてもらおうではないか。

『幸福の克服』とその秘訣

ラッセルは、伝統的道徳を破って近代的自由の道徳を身をもって明らかにした。しかしこのことは、人間生活において、本能や衝動を自由勝手に行動させてよいということではない。彼は自由とともに訓練と自制とを忘れてはいない。

彼は人間生活を、本能と衝動とを乗せた汽車をレールにのっけて走らせることにたとえている。われわれは、汽車を故障を起こす待避線に向かってではなく、正しい目的地に向かって正常な運行をさせなければならない。つねに制動機《ブレーキ》がかけられるという態勢をとりながら。彼はこのような立場にたって、どうしたら汽車が正しくレールの上を走って、幸福の目的地へ到達できるのかということを考えたのである。彼の『幸福の克服』（一九三〇年）という本は、こうして書かれたものであり、ここには五八歳という豊かな人生体験を通してきた彼の、若い人びとへの語りかけが記されている。

ラッセルは、この本のはじめに、「不幸によって苦しみ悩んでいる無数の男女のうち、幾人かがこの書によって、彼らの置かれている状況を診断し、そしてそれから脱出する方法を示唆されるならば」という願いをこめている。彼は現代に生きる人間の冷やかな現実のなかに、じっと不幸の原因を分析し、その不幸から逃れる秘密を見つけ出そうとする。彼はかつて青年時代には人生を憎み、たえず自殺の危険にさらされていた。しかしその後は人生をエンジョイするようになった。それはなぜであろうか。

それは彼が自分を顧《かえり》みて、自分のもっとも切望するものが何であるかを見出したためであり、どうしても満たし得ないと思われる欲望をさっぱりとあきらめたことによるのである。ということは、自分自身というものにとらわれなくなったということである。彼は人生において、自分自身がとらわれるようなものとしてどんなものをあげているのだろうか。ラッセルは、自分自身にこだわるものとして、まずつねに自分を讃美し、ひとから賞讃されたいという欲求や、権力欲におぼれてあらわれる心理的状況をあげる。これらはいずれも自己を自身以上に見せようとするものである。

次に彼は、この世には生きるに値するものは何もないという厭世観的な考え、(これを「バイロン風な不幸」という) 生活や成功のために競争し合うこと、それから生ずる疲労と退屈、それを逃れんとする刺激や興奮、さらに嫉妬や被害意識などの心理的原因をあげている。これらはいずれも自己自身にこだわりすぎて、自らの幸福を破っているものである。ここに現代人の悲劇がある。

さて、ラッセルによれば、この不幸の原因を取り除くことがそのまま幸福をもたらすものにつながるのである。とすれば、幸福への道は、まず内にむけていた目を外に向けることである。外に一歩出れば、外にはさわやかな風が吹き、木々は緑にそよいでいる。これが人生である。彼はいっている、「幸福の秘訣は、諸君の興味をできるかぎり広くすること、そして諸君の興味をそそる人や物に対する反応をできるだけ、敵対的でなく友情的にすることである」と。

彼はそのためには、何事にも熱意と愛情を持って、仕事に努力することをあげる。仕事は成功へのチャンスを与え、また野心の満足のはけ口を与える点で利点がある。ひたむきに仕事に打ちこむ姿は、人生において最も美しいものであり幸福そのものである。次に彼は余暇をいかし、生活や仕事の緊張をときほごす興味を持つことと、自己の最善をつくしながらその成否を運命にゆだねるという態度をとることとをあげる。人生のささいな不幸のなかに慰めを見出し、それを客観的に眺めることによって、あきらめの境地に達することができる。

かくてラッセルは、不幸を克服する方法として、その情熱と興味とを自己自身の内部に向かってではなく、外に向かって動かすことを主張する。すなわち、彼によれば、幸福な人間とは自我から脱皮して客観的に生きる人間である。自己にこだわらぬ自由な愛情と広やかな興味をもつ人である。彼の幸福論は、山のあなたの空遠く式の常識的なものではない、しかしそれだけにわれわれの人生にとって重要な問題を示唆しているものである。

怠惰礼讃とレジャー　ラッセルのこの著作活動の主な関心は、全体的にみると、政治や経済の理論および歴史に置かれていたのであるが、この分野でとくに注目すべき見解を発表したものが、『怠惰礼讃論』（一九三五年）である。かつて伝統的道徳に対して、新しいモラルを主張して問題を投じたラッセルは、今度はこの本によって、再び波紋を生ずることになった。

資本主義は、資本家の企業と労働者の労働とによって発達したものであり、その当時としては勤労や節約は、社会を発展させるために必要な職業倫理であった。しかし資本主義がこの職業倫理を離れて独走するにいたり、労働者は労働そのものにおいて疎外《そがい》されるという状態をあらわしてきた。ところで現代社会はその後大衆社会の状況をあらわし、機械の進歩は必然的に人間の労働時間を短縮することとなった。こうしたなかで人間は、その疎外的状況からの克服を、労働時間以外の余暇のなかに見出そうとしてきた。こうして、「労働」とは別に新しく「余暇」が現代的課題として取りあげられるにいたった。

ラッセルは、人間が本当に自由を享受し、主体性を確立できるのは、労働の残余の時間すなわち余暇においてであると主張する。彼はこの本のはじめに次のようにいっている。「近代社会において、仕事そのものはりっぱなものだという信念が、多くの害悪をこの世にもたらしている。幸福と繁栄にいたる道は、組織的に仕事を減らしてゆくことである」と。彼によれば、余暇をうまく利用することは、文明と教育の結果できるものであり、礼讃すべきは勤労ではなくして怠惰であるという奇抜な理論が展開したのである。

われわれの社会では、個人は利益を求めて働くのであるが、その仕事の社会における意義は、生産したものを消費することである。しかし従来からとかく生産を重んじ、消費を軽んじてきた。ラッセルは、このような考え方に反対し、人間は自分の収入を消費することは、つまり他人に利益を与えることになり、節約は唾棄《だき》すべき悪徳であって、節約するから失業という状態が生ずるのだという見解を明らかにした。この考え方は、当時としては全くの異端邪説であって、あらゆる人びとから一笑に付されてしまった。しかし、のちに経済学者ケインズは、その経済学理論のなかに、彼と同じような見解を詳細に論証したのであって、そのいみで、ラッセルの考え方はケインズ理論に先鞭《せんべん》をつけたものということができよう。

さらにラッセルは、生産と消費の関係から、もしある組織的な社会制度ができるならば、人間は労働時間をもっと減らして、（彼は一日四時間労働を提唱する）残りの時間は、自分で適当と思うような時間とすべきであり、教育はそのように余暇を賢明に使わせる知恵を与えてやらなければならないという。そうなれば、人びとは神経をすりへらすこともなく、疲労することもなく、たがいにもっと親切になり、苦しめあうこともなくなり、人生の幸福と歓喜が生まれるにちがいない。彼のこのような考え方は、われわれの希望している「福祉社会」の姿であって、われわれは彼の怠惰礼讃論を介して、理想的な社会像を理解することができる。

休養をチェスで過ごす
ラッセル

ところでラッセルの、この突飛とも思われる怠惰礼讃の理論は、最近さかんに用いられているレジャーの問題ときわめて密接な関係がある。現代の人間は、科学技術の進歩と生活水準の向上によって、いかにレジャーを楽しむかということに重点がかかってきた。労働時間はたしかに短縮され、余暇時間が多くなった。レジャーとは、本来的には、人間の自発的なまた創造的な活動であり、主体性を確立するためのものである。そのいみでも、レジャーの重要性をはじめて指摘したのは、ラッセルであるということもできるのではないだろうか。

ここ数年来、世界のいたるところで未来像が検討されている。科学の進歩に応じて、世界は将来あらゆる分野でいろいろな発展をとげることであろう。各国でそれぞれに将来の人間の社会の「可能な明日」が描き出されている。このとき、ラッセルの独創的なビジョンは、現在と未来とを結びつける大切な橋となるものである。

模範的な寄稿者

ラッセルは、人並はずれた精力絶倫さで数多くの著作活動に専念した。その論文は、労働党の「ニュー・リーダー」誌のために書かれたものが多く、その内容は通俗科学からイギリスの中国政策の批判にまで及んでいた。この頃のこの誌は、ブレイルズフォードを主筆として、その後の左翼ジャーナリズムがついに再び達しえなかったほどの高い水準にあった。その寄稿者には、ラッセルのほかに、ウェルズ、ショー、ケインズ、ハックスリーなどが名をつらねていた。

ところで特筆すべきは、ラッセルが模範的な原稿の寄稿者であったということであり、ここに彼の性格を知ることができる。彼の論文はいつも期限通りに到着し、じつにきれいに書いてあってほとんど訂正の跡もなかったといわれる。（これにはきっとドーラ夫人の援助があったことと思われるが）また後年ラジオやテレビの講演者として著名な人物となってからも、彼は必ず時間通りにスタジオにあらわれたといわれる。彼の仕事に対する誠実さのあらわれであろう。

彼は仕事をするのに、冬のあいだは、チェルシーで一般的著作を書き、夏になるとコーンウォールへいって専門的な仕事をするということにしていた。彼の仕事ぶりは、いつも同じペースで異常な集中力をもって進められたものであった。コーンウォールに彼を尋ねてくる客は、みな彼の仕事ぶりに魅せられたということであった。

彼はこの長い著作活動のあいだ、ずっとトリニティ・カレッジから追放されていたのであったが、一九二七年の『物質の分析』が出版されたころから、しだいに両者のあいだに和解が成立しはじめてきた。それは彼の著作活動を通しての業績がだんだんと認められてきたからであった。

ビーコン・ヒル学校の教育

伝統的教育へ疑惑をもつ　ラッセルの一九二〇～三〇年代の学究生活のなかで、著作生活以外の仕事と思われるものは、数次にわたるアメリカの講演と、本項で述べる学校創設による教育実践とである。とくに後者はこの時期において重要な意義を持つものであり、彼がドーラ夫人とともに、自分の教育理論を実地に試してみようとしたもので、ビーコン・ヒル・スクール教育として有名なものである。

ラッセルは、自分の子どもが生まれる以前から、その関心はすでに第一次世界大戦によって教育に向けられていた。それはそのとき彼が人間性そのものに問題があることを発見していたからであった。彼は世間普通のパブリック・スクールで教育を受けるという体験を持たず、一八歳になるまで家庭教師によって教育されてきた。彼はこのような反省にもとづいて、わが子は世間普通の学校へ入学させようと決心した。しかしながら、当時の学校教育はラッセルの教育的良心を決して満足させるものではなかった。

彼は、教育への関心をまとめた『教育論』（一九二六年）のはじめにこういっている。「世間には私と同じように、幼い子どもをできるだけよく教育しようと思いながら、しかも現存教育制度の多くのものが持っている種々の弊害に子どもをさらしたくない、と考えている両親たちが多数いるにちがいない」と。これこそ彼の親としての教育への悩みのことばである。ではラッセルは、当時の世間の学校のどこが満足できなかったのであろうか。それは伝統主義の教育が、ただ知識と技術の伝達だけに終わって、情操をだめにしてしまったことに疑問を持っていた。そしてまた他方進歩主義の教育は、系統的知識の徹底という点において欠けるところがあると批判していた。

ラッセルは、現代のように複雑な社会には、もっと突っこんだ本質的な学習をしなければならないと考えていた。教育はただ現存社会を維持するための役割だけをもつものではなくて、子どもを真の人間にするという使命をもつものである。世間の親たちは、たしかに教育に熱心である。しかしかれらの願うところは、子どもを真に人間たらしめる教育を受けさせるよりは、自分の子どもを他人の子どもよりも、上級の教育を受けさせようとすることではないだろうか。そして親たちは、本能的に子どもの立身出世や栄達が、自分たちの光栄であると考え、反対に子どもの失敗や挫折が、自分たちの恥辱であると感ずるのではないだろうか。このような傾向は、しらないうちに子どもの生き生きとした活動力を奪いとってしまう結果を招くことになる。ラッセルは、このような考え方をどうしても避けなければならないと考えていた。

そうしないと、わが子に対する期待が、真実の教育を抑圧するような気運をつくっていき、これが政治権力に利用されて、子どもの自由なものの見かたを抑《おさ》えつけ、新しい考えが出てくるのを拒《こば》むようになってゆく。ラッセルは、世間普通の学校とちがって、自由を尊び、抑圧を排除する教育をどうしてもやらなければならないと強く感じた。そして彼は具体的に二人のわが子を実験的に教育するという実践を通して、真に自由な人間を教育するという仕事に取りかかったのである。

これがビーコン・ヒル・スクールの創設となったのであった。

フロイド主義の採用

ラッセルの教育に関する考えには、フロイドの精神分析学に影響されるところが多かった。彼がフロイドを研究しはじめたのは、第一次世界大戦の衝撃によるものであり、フロイドによって人間の幼少時代の教育の重要性を発見した。

ラッセルが、フロイドからまなんだ教育の方法というのは、子どもに対しての規律は、一般に考えられているよりも、はるかに低い程度において必要であるにすぎないということであった。少しでも他から強制されると、子どもは憎悪をもってそれに答えようとするようになり、もしその憎悪を自由に発散させることができない場合には、憎悪は内攻して無意識層に沈下し、その後の生涯を通じてさまざまな奇妙な結果を生ずることになりかねないものである。したがって、フロイド流に考えるならば、教育というものは、よい行動を自制の問題としてではなくて、習慣の問題にすることである。

ラッセルとドーラ

ただラッセルは、人間がその生涯においてりっぱな仕事をやりとげるためには、非凡な自制と規律および意志力が必要であるということを信じていた。そこで、彼はフロイドのいう習慣形成の問題と、彼個人の自制と意志力形成の問題とをどのようにして調和しようかと努力したのである。

ところで、当時のイギリスの教育は、子どもの自由と個性とを尊重する進歩主義教育であった。しかしラッセルが創設したビーコン・ヒル・スクールは、これらの進歩主義教育を標榜《ひょうぼう》する学校ではない。むしろ彼の考えた学校の原型は、同じくイギリスの典型的な自由教育をもって知られたA・S・ニールのサマーヒル・スクールであったように思われる。ニールの学校は、ビーコン・ヒル・スクールに先立つこと六年の一九二一年に創立され、自由主義を教育精神とする学校であった。

ニールは、多くの進歩主義の学校は、大人社会の何らかの理想を実現するために設けられたものであるが、自分のつくったサマーヒル・スクールは、子どもたち自身のための学校であると考えていた。彼はいっている、「活動的な子どもをつかまえて、幾時間も机にしばりつけて、無益な教科の学習をやらせるような学校は悪い学校である」と。したがって、彼は子どもには何事も強制せず、なすがままに任せておくという完全に自由を原則とする教育を行なった。

しかしラッセルは、たしかにフロイド主義を採用し、ニールの学校の教育精神である自由を中心として教育を行なったのではあるが、それは完全なる自由を認めた教育ではなかった。むしろ自由主義に立ちながら、子どもが他人や社会に対して義務をもつことを認識させるような指導をし、その使命を果たすために必要な訓練をすべきであると考えて、その立場でいよいよその教育実践にはいったのである。

ビーコン・ヒル・スクールの教育　さてラッセルは、一九二七年、ビーターズフィールドの近辺のテレグラス・ハウスという建物を兄のフランクから借りて、ドーラ夫人の協力を得て、ビーコン・ヒル・スクールを創設した。ラッセルは自分で学校長となり、ドーラは副校長として経営方面を担当することになった。彼が私費を投じて全然未経験の教育事業に踏み出したのも、子どもたちに真実の教育を与えたいという気持ち以外の何ものでもなかった。そして彼の教育方針に理解をもつ人たちの子どもの入学を歓迎した。

ビーコン・ヒル・スクールは、かくて遠大な理想をもってスタートした。はじめは授業は必修であったが、のちにはこの原則を子どもたちに強制することをあきらめて自由に任せることになった。彼の教育の根本態度は、「自由と訓練との適度の調和」であった。そこで彼は、一方では子どもたちがどんなことをいっても、またやってもかなり自由に放任しながら、他方では、生活の習慣、時間厳守の習慣、正直の徳の養成、日課の重要性などを強調していた。

この学校の設立にあたって、主として活躍したのはドーラ夫人のほうであったが、ラッセル自身も子どもの行動の研究に没頭するようになり、子どもたちと生活を共にし、自分の指導した方法をくわしく記録して有用な実地の助言を与えたりした。おそらくこのような実践をした哲学者は、ロックを別として、彼ひとりではないだろうか。こうして学校を経営していた一九三一年に、兄フランクが死去したので、ラッセルは爵

ビーコン・ヒル・スクールの子どもたち

位を継承して、第三代ラッセル伯爵となった。ちょうど『科学的展望』が出版された年のことである。

有名になったビーコン・ヒル・スクールは、参観者や観光客で悩まされた。掲示には、はじめは、「毎週水曜日、二時三〇分〜五時、校長在室」と書いてあったが、これも「参観の方はあらかじめお申出下さい」と書き変えられた。ラッセルは、相変わらず多くの著作を引き受けていたので、しだいにテレグラス・ハウスの塔のなかの自室にこもり勝ちとなり、子どもはときどき授業を受けるために、この部屋へ来ることになった。

この学校が世間の関心を引きつけたのは、何といっても当時としては、新しい独創的な自由主義の教育をしたことである。たとえば、体罰は禁止されていたし、学習したくないときは、教室を出て自分の好むところへいって好きなことをしてよかったし、また気候が許せば子どもは裸体《はだか》で生活してもよかったのであった。（ビーコン・ヒル・スクールの写真で子どもははだかで遊んでいる）またテレグラス・ハウスを訪れた人たちは、ラッセルが潔癖で身ぎれいにしているのに対して、学校全体が不潔でだらしがない印象を与えるのでびっくりした。食堂の天井には食物のはねかえりがついていた。これは子どもたちが、プディングを投げつけて、だれが一番厚く天井にくっつけられるかを競争したためであった。

ビーコン・ヒル・スクールは、しかしながらいつまでもうまく運営されていたのではなかった。それはラッセルもドーラ夫人も、ともに経営的事務には未経験であったことによるものである。しかしただそれだけでなく、この学校がありきたりの施設から放り出された問題児の収容所のような状態に化していったということもあり、さらに学校がしだいに財政上の困難に直面したということもあった。この財政的損失は、年に一〇〇〇ポンド以上にもなった。

ラッセルは、これらの資金をかせぐために論文を書かなければならなかったり、アメリカへ講演旅行にも出かけなければならなかった。彼はこうして二重の負担を背負ったわけである。はじめは偉大な抱負をもって出発しながら、しだいに無理が生じ、ラッセルの考えている通りに運営することができなくなってきた。そして創設後一〇年たらずで、早くも危機が訪れてきた。この学校の危機の到来には、いろいろの事情が存在していたのであるが、そのなかでも致命的なものは、ラッセルとドーラとの教育上の見解の相異ではなかったかと思われる。

ラッセルは、もとより自由を教育の原理としながらも、それと同時に訓練を忘れなかった。しかしドーラは徹底的に自由の立場をとっていた。それははじめ必修としていた学課が、ドーラの意見によって、放棄されたというようなところにあらわれていた。ラッセルのように論理的で自己の生命を、その探究と実現にかけるような人物が、自己の教育的所信や見解と矛盾するような教育実践をつづけるわけがない。かくてついに、ラッセルは一九三四年にこの学校から手を引くことになってしまった。そしてまたこのことは、彼とドーラとの関係をも、また悲劇的結末に追いこむこととなったのである。

この翌年二人は離婚することになった。ただドーラは、ラッセルと離婚したのちも、第二次世界大戦の起こる一九三九年まで、この学校にふみとどまって、この学校の経営をつづけていたのであった。

『教育と社会秩序』にみる競争と協力の対立

ビーコン・ヒル・スクールの教育実践は、彼が教育は幼少時代から始めなければならないという信念で書いた『教育論』をそのまま実地に展開したものである。その後彼の教育についての理論的追究は、さらに体系化され、やがて『教育と社会秩序』（一九三二年）としてまとめられた。われわれは、このなかから彼の教育についての重要な見解をとらえてみようと思う。

ラッセルは教育における「階級意識」と「競争意識」の問題が子どもに非常に影響を及ぼしていることを論じ、そのゆえに社会的連帯性を養成することの必要性を主張する。彼は、教育という仕事を他の分野と切り離して独立しては考えない。それは教育がつねに社会体制や政治権力と深く結びついているからである。すなわち、資本主義社会という階級社会にあっては、どうしても父親の社会的地位がそのまま子どもの社会的地位を決定する。それだけでなく、反対に子どもはその長所のゆえに尊敬されるのではなくて、彼の父親の財産や地位のために尊敬されるという現象をうむこととともなる。

こうなると学校内に比較的に多数存在している貧しい子どもたちは、いつもへりくだって行動しなければならなくなる。このような雰囲気のなかでどうして子どもは知性をのびのびと発展させることができるであろうか。ラッセルは、階級社会の教育にあっては、精神のほうが肉体よりも崇高であるという観念を生むことを指摘する。ということは、精神的活動をする資本家のほうが、肉体的労働をする労働者よりも尊いという評価が生ずるということである。こういう考え方はどのような影響を及ぼすのであろうか。

ラッセルによれば、このような考え方は、子どもたちに、まず現状維持の気風を生み、社会的進歩に対してブレーキをかける傾向をとらせることになる。そして社会の現状に対して何らかの改善を加えようとする人たちに対して、憎悪の念すら抱くようになる。これこそ人間の自由や知性が萎縮《いしゅく》されることである。教育という仕事は、社会に適応するだけでなく、社会を改造することに向けられなければならない。人間性の改善を通して、社会改造を祈念しているラッセルにとって、この考え方は当然であろう。

ラッセルは、現代の資本主義社会における重要な欠陥として、次に「競争意識」の過剰をあげる。もとより社会に生きてゆくためには、ある程度の競争はやむを得ないかも知れない。しかし教育における競争は、じつは子どもから精神の安定を奪い、また学習の真の喜びを奪い去る。競争意識の過剰な教育は、当然過剰な教育を子どもにおしつけることとなる。このように考えて、ラッセルは、子どもにとって必要なものは、「競争ではなくて協力である」と強調する。それは友だちに対する敵意や嫉妬ではなくて、理解と同情である。「競争は教育的事実として悪であるばかりでなく、若い人の前に示されるべき理想としても悪である」

と、彼はこのように競争社会の教育の欠陥を指摘するのである。

では階級や競争を主としていない社会主義社会において、このような教育の害悪はどのように克服されているのであろうか。彼によれば、社会主義社会の教育は、資本主義社会のそれとはちがって、競争は大幅に緩和されている。彼は、競争という反社会的観念をほとんど完全に払拭《ふっしょく》した教育を確立したことは、社会主義社会の功績であるという。彼はソビエト・ロシアの学校生活においても、社会生活においても、競争というものが全く排除されていて、子どもたちはたがいに友好の精神をもって、協力しあって安心して学習に専念している状態に非常なる敬意をはらっている。

もとより彼は、マルクス主義が今日のように教条化を継続してゆくときには、知的進歩にとって一大障害となることを警告している。しかしながら、同時に社会主義社会における教育が、青年たちに希望と活力とを与えていることを高く評価したのであった。ラッセルが競争よりも協力を主張してからすでに三五年もたっている。この点について、現在のわが国の教育を考えるとき、われわれは、ラッセルの主張したことが切切として胸に響いてくるのではないだろうか。

わが国の教育は、あまりにも受験準備体制のために、ただ断片的知識のみを暗記し、友だちを倒して自分だけが有利の立場にたとうと生存競争と詰め込み競争に明け暮れている状態である。ここには競争・対立の意識は発達しても、友好の精神や協力の態度は望むべくもない。教育の疎外的現象はここから生ずるのである。しかし幸いにして、入試制度の改善が検討され、教育の正常化が軌道に乗り出した。われわれは、ラッセルが自分の国の教育に対して行なった批判のことばは、そのままわが国の教育にもあてはまることを改めて知るべきであろう。

人間を正気にする教育

ラッセルは、『教育と社会秩序』を出版してから、二年のちにビーコン・ヒル・スクールから離れ、著作はもっぱら社会理論に関するものに向けられていった。

彼にとって、教育とは絶対的に子どもの自由を守り、真の人間として価値ある生活ができるようにしてやることであった。ビーコン・ヒル・スクールで、子どもたちの遊びに満面の微笑を浮かべ、子どもを膝に抱いて楽しそうに話しているラッセルを思い出すとき、彼がいかに子どもを大切な存在として考えていたかということが理解される。子どもを尊重し、子どもの権利を認めるならば、子どもに独立の見解を形成するのに必要な知識や精神的習慣を与えるような教育をしなければならない。

しかし教育は、ときには政治権力に利用され、子どもはその道具とされることもある。そのときは政治権力の手によって作りあげられた特定の信念が子どもに注入される。教育がこのようにならないためには、われわれが正しい社会認識にもとづいた知識をもたなければならない。それには、合理的、科学的な精神をもとにして、真実と虚偽とをはっきりと見破る能力をもったいわゆる「批判的精神」を養うことが大切である。

ラッセルの教育のねらいは、この「批判的精神」を子どもに植えつけることにあった。そしてこの批判的精神を養うことによって、現在いろいろの病弊に苦しんでいる人たちを救うことができるのであって、彼はこのような教育を、「人間を正気にする教育」と呼んでいる。それは現代があまりにも狂気的な状況であり、その異常な状態から正気を取り戻すことこそ教育であると考えたからである。その意味でも教育は新しい世界を開くカギとなるものである。彼は、このように現代という時代の関心と歴史的現実とを把握する深さとによって、彼の教育のあり方を示唆したのであった。しかも彼の非常に暖い親心とともに。

家庭に新風きたる

ラッセルの教育への情熱、子どもへの暖い親心、そういった人間性にあふれるラッセルにもかかわらず、彼の家庭生活は波瀾に富んだ生活そのものであった。

ビーコン・ヒル・スクールで、教育上の見解の相異その他の理由によって、ラッセル夫妻の関係がおかしくなってきたことはすでに述べた。二人の離婚は、ドーラの離婚訴訟による裁判の結果、正式にみとめられることになった。あれだけたがいに愛し合い、二人で中国訪問をし、手をとりあって教育実践までしていたのに、そして二人の子どもまでおりながら、離婚をめぐって訴訟問題までひき起こすようなことになるとは、人生とはわからないものである。

ドーラと別れたラッセルは、その翌年一九三六年に、三度目の結婚をすることになる。（彼は六四歳であった）その相手はずっと以前から、彼の研究補助をしていたマージョリー・スペンス（友だちは、彼女のことを「ピーター・スペンス」と呼んでいた）という人であった。彼女は、ラッセルにとって有力な研究の協力者であったし、彼の当時のいくつかの著書の序文には、協力者として彼女の名前が出てくる。（たとえば『アンバーレーの手記』のように）これがのちにパトリシャ・スペンスと改名し、三度目の夫人となったのである。

かれらは結婚してから、しばらくテレグラス・ハウスに住んでいたが、のちにキドリングトンに居を移した。そしてその翌年彼女とのあいだのただひとりの男の子が生まれた。この子はコンラッドと名付けられた。ラッセルは、よほどコンラッドという名前が好きであったらしい。それはドーラとの最初の男の子を、ジョン・コンラッド（ジョンは祖父の名前をとったのであろう）といい、今度のパトリシャとの男の子をコンラッド・ロバートと名付けているからである。

パトリシャ

これは後で述べるが、彼はすでに一九一三年以来ポーランドの文学者ジョセフ・コンラッドと親交があり、一九二一年に最初の息子が生まれたときに、ラッセルはコンラッドに正式の名付親になってもらい、彼の同意を得て、息子をジョン・コンラッドと命名したのであった。おそらく今度の息子を、コンラッドと呼んだのも、そんなところに理由があるのではないかと思われる。

ラッセルは三度目の結婚によって、たしかに家庭には新風がはいってきた。彼の家族は、夫妻のほかに子どもが三人、合計五人のにぎやかさとなった。このときジョンは、すでに一七歳、ケイトは一五歳になっていた。この頃ようやく彼の一五年間にわたる平穏な著作活動の終わりが近づいてきており、また世界の情勢はしだいに険悪の様相をはらんできた。

コンラッドが生まれたときに、日華事変が起こり、日本とドイツとイタリアの枢軸国が協定を作り、第二次世界大戦の準備は着々とととのいつつあった。そしてラッセルも、五人の家族とともに、平穏な生活から、再び波瀾と動揺の時代を迎えようとしていたのである。

アメリカでの波瀾と障害のとき

第二次世界大戦の勃発

一九三九年九月、ヒットラーは宣戦布告なくしてポーランド侵入を開始し、イギリス、フランスはただちにドイツに宣戦布告を発し、ここに第二次世界大戦は勃発した。そしてダンケルクの敗退とフランスの崩壊とは、イギリスに大きな衝撃を与えることになった。しかもイギリスこそ、ナチスの世界征覇に対するヨーロッパのさいごの防塞であった。

　さてラッセルは、大戦勃発の前年に、オックスフォードで「言語と事実」と題する連続講義を行なってから、パトリシャ夫人とともに、家族をつれてアメリカへ渡ることになった。そして一九四四年までまる六年間を、アメリカで過すこととなる。そしてこのアメリカで過した六年間が、彼にとって生涯でもっとも波瀾な不幸な時期となる。

　一九四〇年の八月から、ドイツの攻撃はもっぱらイギリスに向けられ、ロンドンは連日熾《し》烈な空襲を受けるにいたった。当時ロンドンは数日のうちに一大狂乱場と化し、ウェストミンスターの政府は、恐怖のなだれによって一掃されてしまうであろうと想像されるほどであった。ドイツの優勢が遠く故国を離れたラッセルに伝わるにつれて、彼はときには全く絶望的となり、ときにはやみがたい希望となってゆれ動いた。

彼の郷愁の思いは耐えがたいものであり、「アメリカで安楽に暮らしていることは恥ずかしい」といっていた。また彼は故国の友だちにたびたび手紙を書いて、自分があれほどよく知っているサレーの森の静かさは、今では飛行機の爆音で乱されてはいないか、またリーイス・ヒルの樹々が切り倒されたというのは本当なのかなどと尋ねた。「美しいものが消え去って行くことを考えるとたまらない気持ちです」というのが、彼の偽らない心境なのであった。

ラッセルは、すでに故国での著作生活の真最中に、フェビアン協会の講演で「もし大都市に空襲が起これば、数百万の難民が廃墟のなかをさまよい出るだろう」と予言していた。そしてこの予言は一九三六年に、『平和への道』として詳細に展開された。彼の平和への強い考えはこのときにすでにできていたのであったが、まだこのときは、ドイツの強大さがどの程度であるのかを理解していなかった。

しかし祖国イギリスが攻撃され侵略の危機におちいるにいたるや、彼は、ヒットラーを打倒しなければ平和はありえない、もし自分が兵役年令であるならば、みずから進んで武器をとるであろうと告白していた。このときの彼はまだ現在のような、「武器よさらば」の立場ではなくて、「ユニオン・ジャックのもとに我れ立たん」の立場であったということができるであろう。

言語分析の講義と演習

ラッセルは、このように大戦下のイギリスを案じながらも、遠くアメリカにあって、自分に与えられた仕事に没頭しなければならなかった。彼は渡米して、はじめの二年間は、シ

カリフォルニアで家族とともに（左よりラッセル、次男コンラッド、パトリシャ夫人、長女ケイト、長男ジョン）

カゴ大学で、ついでカリフォルニア大学で過ごした。このときの一連の講義や演習はいずれも言語分析を中心とするもので、大学院学生を相手にした専門的なものであった。

周知のように、シカゴ大学は有名なハッチンズが総長をしており、（彼は新制大学の教育理念であるリベラル・アーツ（学芸）の主唱者である）しかも哲学の領域では、現代論理経験主義の中核をなしていたヴィーン学団に属する人びとが亡命して、ここを本拠として「ヴィーン・シカゴ学団」とよばれるようになっていた。カリフォルニア大学では、ラッセルはやはり言語分析をテーマとする演習を行なった。そして彼は講義のかたわら、着々と著作をつづけて、これがのちに『意味と真理の研究』（一九四〇年）として世に出たのである。

ラッセルは、これらの仕事が終わるとその年の二月に、ニューヨーク市立大学からの公式の招きを受けた。それは彼を同大学の哲学科の教授に任命し、論理学、数学基礎論、科学方法論などを中心とする講義を担当するということであった。これは同大学の哲学科が教授の空席が生じたために、だれかすぐれた哲学者を招く必要が生じ、関係者全員が一致してラッセルを迎えることにきまったからであった。ラッセルもハーバードの予定が終わってからニューヨークへ行くことにした。

彼のハーバードの仕事というのは、一九四〇年の秋に、カリフォルニア大学で演習終了後、ウイリアム・ジェイムズの記念講義を行なうことになっていたのである。ニューヨーク市の高等教育委員会は、二月一日付で彼を哲学教授に任命した。任期は一九四二年六月三〇日まで（この時期までに、彼は停年の七〇歳に達するから）という予定であった。ニューヨーク大学の学長代理だったミードは、その声明を新聞に発表し、ラッセル卿のような世界有数の哲学者を迎えるのは同大学として無上の光栄であると述べた。

しかし、だれぞ知らん、ここに思わざる事件が持ちあがることになるのである。

「バートランド・ラッセル事件」生ず

ラッセルは、アメリカのいたるところの大学から講師として引っぱり凧のように招かれるかにみえたのであったが、その時あの有名な「バートランド・ラッセル事件」が持ち上がってしまった。すなわち、ラッセルのニューヨーク市立大学の教授就任の発表に対して、反対運動の火の手があがったのである。この口火を切ったのは、イギリス教会のマニングというプロテスタントのビショップ（司教）であった。

彼は、ラッセルのニューヨークにおける任命に対して抗議を出し、「ラッセルは、宗教や道徳を破壊する背徳漢である」ということを力説して、あらゆる新聞にそのことを投稿した。この情報はたちまち波及して、カトリックもプロテスタントも、こぞってラッセルが青少年を腐敗させる反道徳思想の鼓吹《こすい》者であり、共産主義者であるとし、このような人物を軽卒にも任命した大学当局およびニューヨーク市の高等教育委員会の不見識をはげしく攻撃した。

もとより、ラッセルを弁護する声もこれとおとらないほどの盛り上がりの気運を示した。シカゴ大学のハッチンズ総長、カリフォルニア大学のスプラウル総長、哲学関係の諸学会やアメリカ大学教授連盟の責任者たち、また個人としては、ジョン＝ホプキンス大学のラヴジョイ教授、ハーバード大学のシュレジンガー教授などがラッセルを支援した。

またそのほかにホワイトヘッドや、ジョン・デューイや、アルバート・アインシュタインなどの世界的に著名な学者も、ラッセルの任命を全面的に支持した。世界的物理学者であるアインシュタインは、このとき次のようにいっている。「古来から偉大な精神はつねに凡庸の徒からはげしい反対を受けてきた。旧来のあやまれる意見に無条件に屈伏することなく、自己の信念を正直にかつ勇敢に行使する人を理解することは凡庸の徒にはできないことである。」と。いかに、かれらがラッセルを支持していたかが理解される。

さらに当のニューヨーク市立大学では、学生も教授も学園が自主的に決定した人事権に対して、外部から宗教的、政治的干渉を加えることに強く反撥し、とくにラッセルの前任者であったコーエン教授は、ラッセルを、ソクラテスにたとえ、かつてアテネがソクラテスを不当に処置して後世にその非をとなえられたように、もしこの任命を取り消すようなことがあれば、ニューヨークも永遠に名声をきづつけられるであろうと語ったといわれる。

このような賛否両論の渦巻くなかで、決定的な効果をあげたのは、彼の就任を阻止しようとする反対運動における市井の無名の一婦人の訴訟であった。その人はブルックリンに住む歯科医の妻ジーン・ケイ夫人で、その訴訟はニューヨーク州最高裁判所に対して行なわれたものであった。原告ケイ夫人には、ゴールドスタインという弁護士がついた。彼は「ラッセルの哲学は、すべて浅薄で迷妄であり、民衆をあざむくための術策にすぎない」と評した。

さてこの事件を担当したのは、マクギーンというローマ・カトリックの判事で、彼は一九四〇年三月三〇日に歴史的判決を下した。その判決によると、ラッセルの任命は、三つの理由で無効となってしまった。その理由とは、第一に彼がアメリカ人でないこと、第二に彼は任命の条件としての競争試験をうけていないこと、第三に彼の著書は不道徳でかつわいせつな見解にみちているということであった。

この判決はラッセルの支持者たちを憤激させ、反対派を狂喜させた。しかもこの裁判は、原告の夫人側と市の高等教育委員会のあいだの訴訟であって、ラッセル自身は正規の当事者ではなかった。そこで彼は、この歪曲《わいきょく》された事実を法廷で弁明する機会を求めて、判決後、上訴しようと思ったが、ラガーディア市長は、この事件は深追いしないほうが政治的に得策であると思って、それを取り上げようとしなかった。それゆえ彼は攻撃に答えることも救済を求めることもできなくて、ついに彼のニューヨーク市立大学の任命は取り止めとなったのである。

「バートランド・ラッセル事件」といわれるこの事件は、ラッセル個人の問題を離れて、法律的にも社会的にもじつに多くの重要な問題を含んでいる。とくに研究と、教育の自由を使命とする大学当局が、外部の政治的勢力によってふみにじられたものとして歴史上大きな汚点を残すものであろう。

では、ハーバード大学のほうはどうであったろうか。やはり、外部的抑圧がハーバードにも加えられて、記念講義を取り消させようとする工作が行なわれた。しかしハーバードでは、総長をはじめ全教職者が断固としてこれに反抗した。そして予定どおり一九四〇年の秋に、彼は招かれてロサンゼルスからマサチューセッツに直行し、そこでウィリアム・ジェイムズ記念講義を行なうことができた。

それにしても、ニューヨーク市立大学での不測の事態は、ある点ではラッセル自身の伝統的な因習や既成宗教に対する挑発的な発言もあったであろうが、彼の見解に対する誤解や歪曲にもとづくものもあり、清教徒精神の強く残っていた当時のアメリカの人びとと合わないものもあったと思われる。先覚者はつねに世間から迫害を蒙りやすいものである。喬木には当たる風もまた強いものである。

ラッセルは、かくしてアメリカにおいて、失業のうめきに会い、しばらく孤立無援の不幸な生活を送ることになるのである。

バーンズ財団救いの手をのべる　「ラッセル事件」をめぐって、各種の新聞や雑誌は、彼の倫理思想や私生活その他について、さまざまな噂やゴシップを無責任に書き立てて流したため、アメリカの大学はどこも彼に講師の地位を提供しようとするところがなかった。彼は孤立しただけでなく生活費をかせぐ収入の道も閉ざされてしまった。

しかし社会はおもしろいもので、「棄てる神あれば、拾う神あり」である。ラッセルを拾う神があらわれた。それはバーンズ博士という一風変わった富豪であった。彼はペンシルヴァニア州で「バーンズ財団」を経営していた。そのバーンズが、ラッセルに委嘱《いしょく》してくれたのである。そのおかげで彼は一時的には財政上の窮乏からまぬがれることができ、夫人と三人の子どもをつれて、その財団の所在地であるフィラデルフィア西方二五マイルのリトル・ダチェット・ファームという古い農場に引き移ることになった。

ここ東部の諸州は、イギリス人に親愛の情をもって接しており、その点で彼はほっと安堵《あんど》の胸をなでおろすことができた。ここで彼はまたジュリアン・ハックスレーをはじめイギリスから来ていた友人の訪問を受ける機会にもめぐまれることになった。しかし、ここでまたしても不幸が待っていた。それは病気が彼を襲ったのである。その病気は感染にもとづく蓄膿症で、このため行動もにぶくなり、道を横断することも思うにまかせぬようになった。やむなく彼は、わずか二年で一九四三年の一月に、せっかくのバーンズ財団との契約の解約を通告されてしまった。

かくて、ラッセルは七〇歳という高齢で、まだ教育中の三人の子どもをふくむ家族をかかえて失業したのである。「ニューヨーク・タイム」誌は、彼のことを「アメリカ諸大学の哲学的もてあましもの」と呼んでいたという。非難やゴシップのために、全身に精神的な傷をうけたラッセルに、地位を提供してくれる大学は一つもないばかりか、論文を掲載してくれる新聞もほとんどなくなった。この高齢と、この経済的不遇をもってどうしたらよいのであろうか。完全に万事休したかに思われた。

この年である、日本はアメリカと交渉決裂し、ついに真珠湾の攻撃によって、第二次大戦は太平洋戦争として、本格的な世界戦争へと発展していったのである。

しかしラッセルは、この内外における逆境におかれても、なおその意気は軒昂《けんこう》そのものであった。どんなに苦難と障害の状態におちいっても、少しも挫折しないで、なんとか打開してゆこうとする彼の不屈の意気と不撓《ふとう》の斗志とには、われわれはただ驚くだけである。「精神一到何事か成らざらん」このことばは、彼にそのままあてはまるような気がする。

ではラッセルは、この苦境をどのように克服したのであろうか。彼はイギリスで出版社を経営していたサー・スタンレー・アンウィンに連絡して、彼の著書から将来生ずべき印税額を概算し、三人の子どものうち年上の二人がアメリカの大学を終えられるように概算額を前払いしてもらった。それからさらに、バーンズ財団での講義をもとにして書くことにした哲学史の印税の前払いをアメリカの出版社からもらうこともできた。たしかに「窮すれば通ずる」である。

こうして彼は、生活費や教育費を生み出し、そのかわり契約した哲学史のまとめに全力をうちこんだ。なぜなら、この哲学史の本には、彼の生活がかかっていたからである。そしてこの波瀾の多い不幸な環境のもとで生まれた傑作が『西洋哲学史』（一九四五年）となるわけである。

個性と独創性に富む『西洋哲学史』　ラッセルとバーンズ財団との関係は、彼にとってはあまり愉快でない結末に終わったのであるが、しかしこの財団が彼に哲学史の講義を委嘱したということは、じつに学問発展のうえで大きな意義があった。ではこの『西洋哲学史』はどんな特徴をもった本であっただろうか。

これは副題として「政治的および社会的状況との関連において」となっているように、歴代哲学者の学説を、古代から現代に至るまで、その時代の社会的背景とあわせて包括的に理解しようとする試みであって、九〇〇ページを越える大著であった。しかもこの本は、ラッセルという個性の強い哲学者によって書かれたものであるため、きわめて個性的色彩が強く、また独創的見解によってつらぬかれているユニークなものである。

この本の内容は、第一部古代哲学、第二部中世哲学（カトリック哲学）および第三部近代哲学に分かれている。そして近代哲学の部分に比べて、古代、中世哲学の部分がかなり詳細に叙述されている。この哲学史の叙述のなかで、ひとつふたつの特徴を考えてみよう。まずラッセルは、ギリシア時代の哲学思想が神秘主義的要素を多く持っていることを強調し、ソフィストを高く評価する。（ラッセルは現代のソフィストといわれている）またイギリス経験論とくにベンサムやミルを高く評価し、ドイツ観念論のカントやヘーゲルおよびベルグソンを強く批判する。

たとえば、彼は観念論について、「カントは独断のまどろみからさまされたと自称しているが、これは一時的であって、まもなくまた観念のなかに眠ってしまった」といい、また「ヘーゲルは、精神という神秘的な実体が人間の歴史を動かして、弁証法という段階にしたがって発展すると考えたが、どうして精神がこの段階を通らねばならないのかさっぱり分からない」といっている。

さらにまた彼は、ヒュームやニーチェは、意志を尊重し、権力を讃美して、「ファッシズムの温床を作ったもの」であるともいっている。彼は従来あまりくわしく研究されなかった中世のカトリック哲学者を深く掘りさげて、かれらが重要な価値をもっていたということを強調している。この哲学史は、さいごはデューイやジェイムズのプラグマティズムの独特の見解を述べ、論理分析の哲学をもってしめくくっている。全体的にみて、ラッセル自身の個性が非常に強くあらわれて、それぞれの哲学者に対して、自分の立場で同調ないし批判を積極的に叙述しているということがいえる。

しかしこれに対して、思想が若干独立的に取り扱われ、時代と社会的背景との関係が十分に捉えられていないところがあるということもいえる。それともうひとつは、彼の論理がきわめて明快であり、その文体がじつに流麗なことばで述べられているということである。ラッセルの文章は代表的な名文であるといわれている。われわれは、この本のどこを読んでも、そのことが理解されるであろう。それにしても大戦中、異郷のアメリカの地で、あのような苦難と逆境のなかに身を置きながら、よくもこのような浩瀚《こうかん》な資料をこなすことができたのか、驚嘆に値するものがある。

彼には、おそらくかつてペンブロークの祖父の書斎で書物を読んだときから六〇年にも及ぶ読書への修業遍歴の成果がここにあらわれたものであろう。またパトリシャ夫人は、資料となるべき原典を苦労して集め、原稿作成の手助けもして、献身的な努力を払ったということである。この本は、ラッセルが再度故国イギリスへ帰った翌年に出版されることになり、しかもそのときに第二次大戦が終結することになるのである。

再び懐しの故国へ

ラッセルは、一九三八年ちょうど第二次世界大戦の始まる前年から、まる六年間をアメリカで波瀾と障害の生活を送った。在住していたアメリカでも、そして故国イギリスでも不評判をかつていた彼は、故国からの呼び戻しをきっと一日千秋の思いで待っていたことであろう。その念願はついにかなうときが来た。

一九四四年のはじめ、ラッセルは戦争下のイギリスへ帰る機会を待た。それは母校ケンブリッジのトリニティ・カレッジが、彼を呼び戻したのである。欣《きん》喜《き》雀《じゃく》躍《やく》した彼は、さっそくアメリカから、戦火のなかを三週間もかかって、大西洋を横断して、貨物船に乗って、なんとか故国へ帰りつくことができた。帰心矢の如き彼にとっては、おそらく砲煙弾雨など、もののかずではなかったであろう。戦局は依然として熾烈をきわめ、ドイツのロケット兵器V1号やV2号は、イギリスの人びとの心胆《たん》を寒からしめるほどの威力を発揮していた。しかしそれもドイツのさいごのあがきであり、連合国側の勝利はしだいに確実となっていった。

帰国後ラッセルは、まずはじめにシッフォールズにトレヴェリアン夫妻を訪ねた。彼は久しぶりにアメリカで夢みていたサレーの丘陵や美しい樺の木立を眼のあたりに見る喜びを満喫した。また懐しい友人たちと久しぶりに談笑する喜びもまた格別のものであった。彼が故国に帰ったころ、イギリスは極端なほどロシア礼讃ムードに支配されていた。彼はこの状態をみて、戦後の東西間に大きな対立が生ずるのではないかを予感した。（彼のこの予感はみごとに的中した）そしてこうした事情のもとで、現状を打開する方法は、労働党のベヴィンの外交政策以外にはないと考えた。

その翌年になるや、イギリスは総選挙を行ない、アトリーを擁する労働党がチャーチルの率いる保守党に勝って、新しく政権を掌握するにいたった。ラッセルは、チャーチルに人間的な愛着を感じていたけれども、労働党が勝ったということに対しては心から喜んだ。七月に、ベルリン郊外のポツダムにおいて連合国首脳部の会議が行なわれ、「ポツダム宣言」が発表された。かくて八月、世界最初の原子爆弾は、広島上空に投ぜられ、ソビエトが日本に宣戦布告をし、日本はついに無条件降伏し、東京湾に進入した米艦ミズーリ号上において、降伏文書の調印が行なわれた。

第二次大戦は、満六年をへてここに終結することができた。ラッセルは大戦の終結を故国で迎えたとき、すでに七三歳に達しており、現存の哲学者としては、世界でもっとも著名な人物となっていた。この年齢からいえば、普通の人ならば第一線から退いてゆうゆう自適の生活を送るときである。しかし彼はそれからあと二〇年のあいだ、今度は新しく平和運動へと挺身することになるのである。

往年の叛逆者ついに時代の寵児《ちょうじ》となる

ケンブリッジに復帰する　時代の先覚者は、すべて苦難と荊蕀《いばら》の道を歩むものである。ラッセルもまた然《しか》り。彼は四〇代で確乎たる名声を博しながらも、第一次世界大戦での反戦運動や、アメリカでの不幸な事件のために、七〇歳近くなって長らく世に容れられず、思想的背徳者として非難されてきた。しかし第二次大戦後になって、改めて世間は彼の真価を見直しはじめてきた。戦後の世界は、かつて冷遇した彼を、今度は現代最大の哲学者として認め出したのである。長いあいだ蔭にかくれていた彼に、ようやく陽光燦《さん》々として輝きはじめた。しかもしだいにその明るさを増して。

はじめのうちは、ラッセルはまだ警戒されていた。イギリスの放送協会は、彼をまだ白眼視して放送を依頼することにはあまり乗り気ではなかった。彼を呼び戻したケンブリッジでも、彼をトリニティの名誉フェローに任命しようという案がなかなか通過しなかった。しかしこのような状態はしだいに消え去り、彼の真価が理解されはじめ、とくに数学者リトルウッド教授の推薦もあって、フェローとして、母校で講義を担当することになった。思えば長い遍歴の旅であった。しかし彼は、今こそロマン・ロランのいった「苦しみを越えて喜びへ」の境地を心から味わうことができたであろう。

さてケンブリッジに復帰したラッセルは、みんなから英雄を迎えるかのごとき歓迎を受けた。多くのかつての旧友は彼を暖かく迎え、学生たちも熱狂的に彼に拍手を送った。ケンブリッジは、やはり彼のケンブリッジであった。彼の最初の講義には一番大きい教室があてられたが、それでも聴衆が列をなしてあふれるほどであった。彼は五年契約で講義を担当することとなり、まずその年のテーマとして「非論証的推理」という問題を選んだ。彼はトリニティで講義しただけでなく、ロンドンに出て上院の審議に加わるようにもなった。

かくしてラッセルの名声は、ますます高まっていった。一九四八年、彼はイギリス放送協会の教養番組として「リーイス記念講演」を依頼され、「権威と個人」という題で連続講演することになった。彼はこの講演で、労働党による基幹産業の国有化を支持したが、全体としては、権威に対する個人を擁護することに力点が置かれていた。その内容をさらにくわしくいえば、社会の結合と人間性、個性の役割、技術と人間性の衝突、中央の統制と主導権、個人と社会倫理などであった。とくに彼は社会の価値は、個人にあるという不動の信念をふまえて、政治権力は、最大限の主導権を個人に与えるべきであることを主張した。

彼の考えは、究極の価値は、全体でなく、個人のうちに求めなければならないものであり、善き社会はそれを構成する各個人が善く生きるための手段であり、それ自体において独自の価値をもつべきではないということであった。この考えは、彼が前に書いた『自由人の信仰』（一九〇二年）以来、ずっと主張してきた個人人格の強調という倫理思想なのであった。この個人人格の強調の考え方こそ、個人主義者であるラッセルの基本的な立場であるということができよう。

そしてこの連続講演は、のちに『権威と個人』（一九四九年）という同名の著書として出版されることとなった。

勲功章を授与される

かつての叛逆者ラッセルは、ついに時代の寵児となった。彼はただ放送協会の講演だけでなく、いたるところへ講演に出かけることになった。かつて一九一六年にイギリス外務省は、彼にアメリカ行きを拒否したことがあった。その外務省が、今度は彼にドイツをはじめ、ヨーロッパ大陸の諸国、ついでアメリカ、さらにオーストラリアなどの海外各地で講演をしてくれるように要請するということになった。三〇数年前と比べて何という変化であろう。彼の心境や果たして如何に。一代の英雄となった彼は、この数年間を、自分の半分の年齢のものをもしのぐ元気さで倦《あ》くことなくつぎつぎと講演のため旅行することになった。

各地への講演旅行のなかで、こんなエピソードがあった。それは一九四八年の一〇月、彼が七六才のときノルウェーで飛行機事故にあい、九死に一生を得たという事件であった。それは彼の乗っていた飛行機がもうすぐ着水だというときに、着水を誤って海中に突っこみ、沈みかけた。ラッセルは床の上に投げ出され、事態の重大さに気がつかなかったが、乗客はドアから急いで海中に脱出するように指示された。二〇ヤード離れたところに一隻のボートが待機していたので、ラッセルはそこまで泳ぎついた。ここで乗客一九人という溺死者を出したという。高齢のラッセルが北海の晩秋の凍るような水中を数分間泳いで助かるというのは、まさに偉大なる生命力かなである。

さてラッセルの、これまでの長いあいだの研究活動が、イギリスにおいてみとめられる日がきた。それは一九五〇年六月に、イギリス国王から授与される最高の名誉の勲功章（オーダー・オヴ・メリット）が授与されることになったのである。これは日本では、文化勲章に相当するもので、国内としては最上の授賞であった。

ラッセルは、受賞のために、バッキンガム宮殿へ参内して、ときの国王ジョージ六世と会うことになった。このときジョージ六世は明らかにいささか勝手ちがいのようすであった。それはそうであろう。かつてラッセルは、国王の監獄の囚人であり、その言動が国王を教主にいただくイギリス国教会で評判のわるかった人物であったからである。そのような人物に最高の名誉を授与するということは、おそらくイギリスにとって前代未聞のことであったろう。

ジョージ六世は、ラッセルに「貴下は非常に波瀾に富む一生を送られたということですが、すべての人間が貴下のように生きようとしたら、世の中はうまく行かないではありませんか」とたずねた。ラッセルは、これに対して、「普通の人が特別の仕事をする人のまねをしたら困ります。特別の人にはその人なりの価値と使命があるのです」という意味の返事をしたといわれる。貴族ラッセル、稀代《きだい》の哲学者ラッセルの面目躍如たるものがあるのではないだろうか。

ここでラッセルの家庭における三度目の変化を記しておこう。彼が勲功章を受ける二年前に、講演旅行のほかに、あるとき彼とパトリシア夫人は、シチリア島のタオルミーナへ保養に行ったことがある。このときの生活は彼にとってじつに楽しかったらしい。しかしこのときに彼らのあいだには、何かのトラブルがあったに違いない。アメリカ生活をも含めて一〇年間、あれほど幸わせそうな生活をしていた二人がまたもや別れることになってしまった。夫人は単身イギリスに帰国し、まもなく離婚が成立した。

未来の国オーストラリアへ　勲功章を受けたラッセルは、また各地へ講演旅行に出かけた。彼の数多い旅行のなかで、とくに彼の進取の気象と知的探究心がいつまでも衰えないことを示す点で、もっとも興味深いもののひとつが、一九五〇年のオーストラリア旅行である。

ラッセルは、つねに未知の世界への経験を得たいと考えていた。当時オーストラリアでは、エドワード・ダイアソンというメルボルンの一実業家によって信託基金が設立されており、それによって海外から著名人を招いて講演をしてもらうということになっていた。ラッセルは、この信託基金から講演の招待を受けた。彼は七八歳になっていたが、この招待を喜んで承知して、初めての土地への旅行を決心した。

ラッセルのいくことになったオーストラリアでは、彼の身辺の警護に警官が配置され、外務省の先任代表リチャード・グリニッシュという人が、シドニーまで彼を迎え、その後も命を受けて全旅程にわたって同行することになった。ラッセルは、シドニーから、クィーンズランド、カンベラ、メルボルン、アドレードおよびパースへと飛び、結局前後二か月あまりオーストラリアに滞在した。彼はどこへいっても、公開講演や放送をしただけでなく、できるだけ多くをみて学ぼうと努力した。また彼は故国の孫（すでに彼は幾人かの孫をもっていた）たちへの便りを忘れなかった。

各大学は、こぞってラッセルの出席を請うてセミナーを催したが、そういう席で、彼は教授たちや少数の選ばれた学生たちと哲学上の問題を論ずることができた。オーストラリアでは、アメリカで生じたような問題も論争も起きなかった。新聞記者たちは、ラッセルが何か挑発的な放言をするだろうと期待していたけれども、それは失望に終わった。

コアラを見て喜ぶラッセル

ラッセルが旅行に出た直後に、朝鮮戦争が勃発した。一時彼は朝鮮事変が世界戦争に発展するかもしれないことを懸念して、故国にいる孫たちにロンドンから遠く離れたところに家を見つけるよう指示している。彼はオーストラリアについて、個人主義的な信念と集団主義的な必要との相剋《そうこく》が存在することを看破し、これこそオーストラリアの政治を理解するカギであると考えた。そして彼は、オーストラリア人が、もっと進取の気象や開拓者の精神をもっていたならば、この国の資源は開発され、文化は向上するであろうと示唆を与えている。しかし結局のところ、彼はオーストラリアを礼讃しただけで終わった形となってしまった。

ラッセルの訪濠の思い出をもつ人は、外務省から案内役として派遣されたグリニッシュであった。二人はたがいによく知り合った仲となり、夜など、彼は気持ちのよいときには、俗謡などを歌って、グリニッシュを楽しませたということである。彼はこの国がよほど気に入ったとみえて、「もし私がこの世にもう一度生まれてくる機会を与えられたら、私はヨーロッパ人としてよりもオーストラリア人として生まれたい」といっている。ヨーロッパの偉大さは過去にある。イギリスやフランスの文化はもう今までになされたという倦怠感がある。過去とともに生きることは陰気な気の滅入ることである。しかし未来のヴィジョンとともに生きることは、希望と活力をもたらしてくれるものである。

ラッセルは、オーストラリアを未来の国であると感じた。彼はすでに八〇歳近くなっていたのであるが、過去に生きる人間ではない。彼は将来に向かって前進する人間である。決して後を振り向かない。おそらく彼がもっと若かったならば、ヨーロッパの文化をこの国に移植して、新しい活力とエネルギーを発動させるという大きな仕事をしたことであろうに。

彼のオーストラリアの想い出を一つ記しておこう。この国には特産の有袋動物で、木に登るのがうまく愛玩用としてよく飼われているコアラという動物がいる。ある新聞記者が、ラッセルを、「何かおもしろい話を思いついた知恵者のコアラに似ている」といったところ、彼は早速メルボルンの動物園へいって、コアラがどんな顔をしているか見に出かけた。帰ってから、じつに愛嬌のある動物だったので、似ているといわれて非常に喜んだということである。あの一大哲学者にも、このような稚気《ちき》愛すべきところがある。

とにかく彼のオーストラリア旅行は、心から楽しい旅行であったといえよう。彼は、オーストラリアで寒くて泳げなかったことだけが残念だったという言葉を残して、飛行機でイギリスに帰った。

ノーベル文学賞に輝やく　ラッセルは、オーストラリアを去って、それまでの各地への旅行に加えて、一万二千マイルという強行軍の飛行でイギリスについてからも、わずか数週間休んだだけで、今度はまたアメリカへ講演旅行のため出発した。あの老齢でこのように世界の各地を休みもなく講演のために飛びまわれるというのは、たしかに超人的である。彼の活躍舞台は世界全体に及び、おそらく彼にとって世界は狭すぎるくらいであろう。

またラッセルという人は、何も仕事をしないでじっとしていることのできない人である。彼はよく「人間は何かしていなければならないのだ」といっていた。そして彼はアメリカへ講演に出発するときも、このことばを残していった。新しい仕事に喜びを見出して。ところが彼の出発した直後に、予期せざる大きな喜びが彼を追っていった。ノーベル賞である。一九五〇年、彼にノーベル文学賞が授与されることになったのである。

この朗報に接した彼は、喜び勇んで仕事終了とともに帰国し、伝統にしたがってストックホルムへ赴き、そこで形式通り受賞講演を行なった。この講演は、人間についての彼の深い洞察の結晶であったと語り伝えられている。

ではこのノーベル文学賞の受賞講演の内容はどんなものであったであろうか。彼は次のように論じた。まず人間が幸福を追求するために必要なことは、その精神的な病痕である好ましくない諸欲求を心理的に分析しなければならない。それには基本的なものとして衣食住などの生存に必要な欲求、獲得欲、競争心、虚栄心、権力愛などがあり、この他にも刺激愛好心や、恐怖心や憎悪などもある。ではこれらを治療する処方箋はなんであろうか。

ここで彼は科学のすばらしい進歩に対する倫理の後進性をあげ、この科学的社会を安定させるためには、倫理は理性や科学的精神によってつらぬかれるほかに方法はなく、かくしてわれわれは伝統的な迷信倫理を打破し、普遍的な人間の欲求充足への道を確立することが大切であると論じたのであった。この講演内容は、のちに彼の倫理思想の集大成といわれる『倫理と政治における人間社会』（一九五四年）の第二部「諸情念の葛藤《かっとう》」のなかの第二章「政治的に重要な諸欲求」として掲載されることになる。

かつてアメリカで不遇のどん底にあって、すべての人から見放され、孤立無援となっていたラッセルは、いまや時代の脚光を浴びて、ステージに躍り出た。彼の思想家としての真価に対して、イギリスでは勲功章を、そして世界ではノーベル賞という最高の栄誉をもって報いたのであった。

彼はたしかに改めて見直されることになった。イギリスでは貴族を尊敬するとともに、老人を尊敬する傾向がある。すでに八〇歳を迎えんとしているラッセルに対して、しかもこのような無上の名誉と栄光に輝くラッセルに対して、イギリスの社会が礼讃しはじめたのは当然であったかも知れない。それとともに、ラッセル自身がまた人間的にも一段と偉大さを増していったように思われるのである。

人間的な重厚さを加える　ラッセルは、再びリッチモンドに帰って、子どものころから遊びまわったペンブローク・ロッジから一マイルほどのところにある大きなヴィクトリア風の家に住むことになった。そしてそのときには、彼自身も多少人間的に円満さを加えてきていた。ということは、また彼が人間的に重厚さを加えてきたということでもあろう。

この頃彼が出版したものに『反俗評論集』（一九五〇年）がある。これは折にふれて書いてきたものをまとめたもので、われわれの悲劇的な世紀を特徴づけてきた教条主義の成長に対して、たたかいをいどもうとしたのである。そしていろいろの思想について論じているけれども、従来のような難解な表現をなるべく避けて、形式ぶらず、しかめ面をしないでわかりやすく書かれている。しかしこの本は大切な目的をもっているのであって、彼は決してこれを通俗的だとはいっていない。そして通俗的でないとすれば、それを反通俗的なものとしてこの書名ができあがったのである。

ラッセルは、これで彼の三大評論集をまとめたことになる。すなわち、『哲学評論集』（一九一〇年）、『懐疑評論集』（一九二八年）それとこの『反俗評論集』とである。われわれは、これらの評論集を通して、彼が思想家だけでなくりっぱな評論家であることを理解することができる。そして彼は、さいごの評論集において、人間的な重厚さを加えていった。このとき、さらに彼の人間性は次の事件によってもっと深まってゆくのである。

それは一九五二年（ラッセル八〇歳のとき）、彼はエディス・フィンチ嬢と四度目の結婚をしたことであ

エディスとともに

る。（これが現在の夫人である）彼女はウィルフレッド・スコーン・ブラントの伝記の著者であり、一七世紀にアメリカへ渡った由緒あるニュー・イングランドの旧家の出で、ブリン・モア大学でも教鞭をとったことがあった人である。なおこの人は学問以外にも、いろいろの趣味をもっていた。

ラッセルは以前と同じくだれか人に本を朗読してもらうのを好んだが、ただ一つ困ったことは、エディス夫人がラッセルに劣らぬ愛煙家であることであった。そこで夫妻は代わりあって朗読し、ときどき夫人がシガレットを喫《す》えるように彼が読み役にまわることがあった。

いずれにしても、このときから今日まで一五年間、ラッセルはエディス夫人とともに、あたかも影の形に添うごとく、協力しあって生活をきりひらいてゆくことになるのである。

新分野の開拓と仕上げ

思い出の文学者とのふれあい　ラッセルが、エディスと結婚してから約一〇年間は、原水爆禁止の平和運動と著作活動とがますます活発化した。そして彼の著作活動は、いままでの長い思想的遍歴の一応の集大成をとげたということと、もうひとつは、文学や創作という新しい分野を開拓したということである。われわれは、彼の新しい創作や小説という分野の活動からしらべてみよう。

それには、まず彼がどのような文学者や小説家とふれあっていたかということを考えてみるのが適当である。そしてそのことによって、従来と全然ちがった新しい文学というジャンルのなかで、新しいラッセル像が浮き彫りされるのである。彼は一見文学とは無縁かのようにみられているが、それは彼を知らざるものである。彼の著書には、シェイクスピアをはじめ、イギリス文学の古典の引用がかなり随所にあらわれている。彼は若いころ、ミルトンに傾倒しており、またワーズワースに関心をもち、またT・S・エリオットとの交友もあった。

これらの人びとのほかに、ラッセルはいろいろの文学者と知り合いになっていた。彼は「思い出の人たち」のなかで、G・B・ショー、H・G・ウェルズ、ジョセフ・コンラッド、およびD・H・ロレンスなどをあげている。まずH・G・ウェルズとは、一九〇二年にシドニー・ウェッブの作った「協力会」の談話会ではじめて会った。ラッセルは、彼との討論によって、彼がつねに合理的で迷信的なものを避け、その科学的方法への確信は、健全で精神を生き生きとさせることを知った。ラッセルは、彼が思想と想像力の解放者としてのエネルギーをもっていることに敬服し、週末にはいつも彼のところへいって議論をした。

ラッセルと文学者とのつきあいとして、とくに彼にとって重要な思い出の対象となっているのは、コンラッドとロレンスである。コンラッドは、貴族的なポーランドの紳士で、イギリスをこよなく愛し、しかも海への憧憬を忘れられず『青春』や『台風』などにみられる新しい海洋小説を創始した人である。そしてラッセルとコンラッドは一九一三年はじめて知り合い、それからしだいに親密さを加えていった。かれらは、人間生活と人間の運命について共通の考え方をしていた。

コンラッドは、きびしい自然や人間の敵意と直面したとき、内面的斗争を行なっている孤独のおそろしさに堪えてゆこうとする性格をもっていた。ラッセルは、彼の作品のなかで『闇の奥』にもっとも感心した。これは弱い理想主義者が熱帯地方の森と、蛮人のなかにいるさびしさの恐怖のために気狂いになるというものであり、ここに彼の人生哲学がもっともよくあらわれているのであった。二人の親交はますます心の深みに達していった。ラッセルは、彼に、「あの激しい情熱的な気品は、私の思い出のなかに、泉の底から眺めた星のように輝いている。私は、彼の光が私に輝いたように、あらゆる人びとの上に輝かせたいと思う」といっている。（コンラッドがラッセルの最初の子、ジョンの名付親になったことはすでに述べた）

次にロレンスは、とくに個性の強い文学者であった。ラッセルとの交際は一年間位いの短いものであったが、そのあいだは熱烈なものであった。ロレンスは燃えるような感情のエネルギーと強さとを持っていた。ラッセルが「民主主義の確固たる信者」であるのに対して、彼は「民主主義的な制御を信じない」といって、ファッシズム的な考え方を展開していた。彼からの幾回かの手紙を通じて、ラッセルは、彼が自分にない洞察力を持っていることを感心していた。しかし結局、ラッセルは、健全な考え方に立ち、ロレンスは、世界をよくする真の望みをもっているのではなくて、ただ世界が悪いということについて雄弁な独白を楽しもうとするだけだということがわかった。そしてラッセルは、ロレンスが、世界が狂気的状況であるとき、その狂気を礼拝する解説者にすぎないということを認めるに至った。それからは二人の関係は疎遠となって、その親交も劇的な終末をみることなく消えていった。

もうひとりあげておこう、それはサマセット・モームである。モームは、H・G・ウェルズを通してラッセルを知り、彼の著作を読んですっかりラッセルを尊敬してしまった。モームは人間の喜びを堂々と取りあげ、満ちたりた人間の幸福を作品のなかに書くことに努力していた。そして彼はラッセルのなかに、その人生の指針を求めようとした。たとえば、彼は『裁きの座』や『要約』などのなかで、人間本来の生活のあり方を論じている。モームは、ラッセルから影響を受けた作家ということができるであろう。

このように、ラッセルはとくに個性的な文学者たちと交友関係があり、かれらとの接触を通して、彼の文学的な業績や、創作的な意欲が養われていったのである。

創作と小説に着手する　ラッセルの止まるところを知らざる意欲は、今まで未開拓の小説という分野に手をひろげることになった。それまでの彼の著作をみると、ただ無味乾燥な哲学や論理学の論文でも、そのなかにどこか軽妙な洒脱《しゃだつ》な手法があり、どことなく芸術的な雰囲気が感じられて、だれにとっても魅力的なものとなってしまう。彼はそういう点で、哲学者であり科学者でありながら、同時に文学的素質と芸術家的精神とをもっているということができるであろう。

ラッセルの初期のエッセイ『自由人の信仰』は、りっぱな文学作品であり、新しくは『科学的展望』のなかの科学社会の未来図の描写などは、得難い空想小説であった。そしてついに、一九五三年に、彼ははじめて創作と小説という新しい領域に手を出すことになった。彼は言っている、「私は生涯のはじめの八〇年を哲学に捧げたが、今度は次の八〇年をフィクション（小説）というもう一つの分野に捧げようと思う」と。われわれは彼のすることにたびたび驚きをもって眺めてきた。しかしまたもやこの年になって、全く新しい分野に手を出すということに、改めて畏敬の念を払わざるを得ない。彼は、いまだに青年のような情熱と感受性とを失っていない。彼はまさに「八〇翁の青年」なのである。

さてラッセルは、最初の短編集として、『郊外の悪魔』（一九五三年）を出版した。彼はこの分野で新しい名声をかち得ようとし、筆名で出版しようとした。しかし出版社は本名を出さなければ出版しないと断ってきたが、結局のところ、このなかの短編「コルシカにおけるX嬢の冒険」は、「ゴウ」という雑誌に匿名で掲載され、作者を当てた人には二五ポンドの賞金がかけられた。しかし当てた人はひとりもいなかった。

応募した解答のなかに、モームの名もあって、彼は得意になった。この短編集は、スリルとサスペンスに満ちており、好評を博し、一九六一年には、「ペンギン・ブックス」に加えられた。

これに気をよくしたラッセルは、翌五四年には、第二の短編集『著名人の悪夢』を出版した。このなかには、シヴァの女王をはじめ、哲学者、科学者または政治家の悪夢を描いた短編が、『ザハトポルク』と『信仰と山』と題された二つの空想小説とともに収められている。とくに、この『ザハトポルク』は、スウィフトを思わせるような残忍さと辛辣《しんらつ》さとを示した注目すべき作品である。この『ザハトポルク』という小説はどんな内容のものであっただろうか。かんたんに紹介しておこう。

時代は今から四〇〇〇年のち、場所は全世界に君臨する世界帝国の首都クスコ、そしてザハトポルクは揺ぎない帝政を築きあげた建国の父である。彼はきわめて厳格な人種差別や、太陽崇拝のための人身御供《ひとみごくう》などを強行して、帝国の秩序の維持につとめて、万代の安きを固めた。それから一〇〇〇年が流れた。クスコの教設大学の学生のなかに、学長の息子のトマスとその恋人のディオティマがいて、この二人は将来を嘱望されていた。

ディオティマは、高い教養をもち、この帝国の神話やものの考え方に対して懐疑的となり、トマスもその影響をうけて真理と自由とを求めるようになった。ところがこの国は、毎年太陽神（すなわちザハトポルク）に捧げるために、どこかの処女が白羽の矢を立てられるという風習があった。これはじつは帝王インカの犠牲になるのであった。そしてある年、ディオティマがこの役に立てられることになった。しかし彼女は、この迷信の祭典に犠牲になることを拒否したため入牢され、衆人環視のなかで火刑に処せられてしまった。トマスはこの悲劇に直面して激怒し、ひそかに政府転覆《てんぷく》をはかり、同志をつのり、着々と計画を進めていった。

二〇年のち、トマスは学長となり、部下を率いて革命の烽火《のろし》をあげた。アフリカから集まった先鋒隊は政府諸機関を倒し、革命は成功した。かくて帝政時代の圧政は終わりを告げ、自由な世界国家の時代が始まるのである。ざっとこのような筋書きをもった小説なのであるが、ラッセルがこの小説で何をいおうとしたのであろうか。彼は、国家権力がいかに確固たる支配体制を築こうとして、国民の自由を圧迫しても、それは決して永続きしないでいつかは打倒されてゆくものだということを指摘したのである。これは全体的秩序よりも個人的自由のほうが、社会を幸福と平和にみちびくということを示している。

次に理想的な人たちが、正義感にもとづいて敢然として圧制に抵抗して、死をも恐れずたたかったというところに、じつはラッセル自身が批判的精神をもって虚偽と妥協することなく、社会改革のために積極的に行動したことの重要さを示したのである。そしてそのうえでなしとげられた自由な世界国家の建設こそ、世界連邦政府を唱える彼の希望なのであった。

これは空想小説とはいいながらも、政治や社会理論との関連において、人間のあり方を論じたものである。ザハトポルク、これこそ、今日の世界において人間の心のなかに存在する不正なる権力欲と所有的衝動が生み出した産物なのである。われわれは、彼の小説においてさえも、いろいろと学ぶものがあることを理解することができる。なおこれからもまた新しい短編集が生まれることであろう。

『倫理と政治における人間社会』

ラッセルは新しい分野の仕事をするとともに、いままでの思想の集大成をはじめた。まずここで取りあげるべきは、倫理思想の総決算とでもいうべき『倫理と政治における人間社会』（一九五四年）である。あるいはこれは政治との関連における社会理論の総仕上げといったほうがよいかも知れない。

『倫理と政治における人間社会』のとびら

この本の特徴から述べよう。この本の表紙をあけた左ページに、三つの写真が描かれている。一番上が「黄金時代」となっていて、さんさんと光り輝く太陽のもとで人びとが働いている図である。ピラミッドが見えているところから、絶対的権力をもった人びとが奴隷や労働者を働かせている封建時代から資本主義時代をあらわしたものであろう。真中の写真は「現在」となっていて、ドイツとソビエト・ロシアの将校が並んで対立している図である。ラッセルがもっとも重要なものとして考えた「ドイツ軍国主義」と「ロシア共産主義」を代表し、それらが軍隊を所有して対峙《たいじ》している帝国主義時代をあらわしたものであろう。

そして一番下の写真は、「将来」となっていて原子爆弾を思わせるキノコ状の爆弾に、人びとが恐怖におそれおののいている図である。おそらく原子兵器の利用によって人類が滅亡するかもしれないという科学時代をあらわしたものであろう。そしてこれらの写真の下に、「知性の使用」という字が書かれている。彼は、おそらく人間の知性によって、このようになってはならないということを示したものであろう。まさに、この本の題名である、倫理と政治における人間社会そのものを表わしているのである。

ではこの本の目的と内容について考えてみよう。この本は二つの目的をもって書かれている。一つは、独断的でない倫理学を確立することであり、二つは、このような倫理学を現代のさまざまな政治問題に応用することである。そしてこの目的にあわせて全体が二つに分かれ、第一部が「倫理学」、第二部が「諸情念の葛藤《かっとう》」となっている。彼は倫理学において、主観主義の倫理学の立場をうち出している。彼は、倫理学の基本的条件は、感情や情操であって、知覚表象ではないという考え方をとっている。

しかし科学的真理は、客観性を持つものである。したがって倫理学が客観性を保つためには、善の欲求充足ができるだけ多くの他の欲求と共立しうるような欲求とならなければならない。ラッセルは、ベンサムの「最大多数の最大幸福」に似た一種の功利主義的な基準を採用して、善とは欲求の充足であるという定義をたて、共存可能な欲望が充足される欲望の総量が大きいことを明らかにした。そして正しい欲望とは、できるだけ多くの他の欲望と共存可能なものであり、正しくない欲望とは他の欲望を防害することによってのみ充足されると考えた。ここに彼は、倫理的価値についてできるかぎりの客観性を与えてゆこうとする努力を示した。

次にラッセルは、倫理学が客観性に達するためには、多数へのアピールを伴わなければならないとし、倫理学は個人倫理学から政治学の領域へと進まなければならないということを指摘した。これから彼の「諸情念の葛藤《かっとう》」の理論が展開されるのである。（このなかの「政治的に重要な諸欲求」がノーベル文学賞受賞のためのストックホルムでの講演内容であった）善の実現という倫理学の目標は、それが具体性を帯びるにつれて、これら諸欲求の対立をできるかぎり除去することにしぼられる。

相対立する諸欲求を抑えるためには、よい社会制度をつくること、正しい科学的理解をもつこと、さらに社会的に望ましい倫理を確立することが必要である。これらは個人の満足と一般の満足の衝突を少なくする。そうすることによって、人間は幸福に社会は平和になるであろう、これが彼の倫理的な到達点であったのである。

異色的な『西洋の知恵』成る

ラッセルは、ついで哲学史研究の総決算を計画した。その成果が世に問われたのが一九六〇年に出版された『西洋の知恵』である。ラッセルの哲学史の著述としては、かってあの九〇〇ページにわたる厖大《ぼうだい》な『西洋哲学史』（一九四五年）があった。この『西洋の知恵』は、三〇〇ページばかりの本であるが、判ははるかに大きく、しかも彼の数多くある著書のうちできれいな「さし絵」が入っているのが特色である。

しかもこの「さし絵」は全体の四割程度のスペースをとっている。これはP・フォークス博士が編さんしたものであるが、この人がいろいろと新しい資料をラッセルに提供したという。このさしえのために、哲学史というむずかしい本がきわめて親しみやすいものとなっている。この「さしえ」は大別して二種類あり、一つは歴代哲学者の肖像、生家その他の旧蹟、名著の初版本のとびらなどであるが、もう一つは、抽象的なアイデアや考え方を具象的な図形であらわしたものである。これがまた非常におもしろい特徴をなしている。

この本の内容は、ソクラテス以前、アテネヘレニズム、初版キリスト教、スコラ哲学、近代哲学の起源、イギリス経験主義、啓蒙主義及び浪漫主義、功利主義以後、現代思想となっている。まえの『西洋哲学史』に比べて、その叙述はやや簡素でさらに平易で読みやすく、一般読者の教養書としてまさに適切なものである。またギリシア哲学の叙述にかなりの部分をとっているのは、前著と同じく、彼が西洋哲学というものはある意味ですべてギリシア哲学であるという主張によるものである。

かつて『西洋哲学史』において、ラッセルは、プラトンやアリストテレスにおける形而上的哲学、およびカント、ヘーゲルにみられる観念論的哲学を徹底的に批判していた態度は、一五年前と比べて、かなりおだやかになっている。ということは、この本では彼の従来の主観的な見解をかなり控えて、なるべく客観的な哲学の歴史の叙述に努力したということである。したがって、いつもの特有の画期的、独創的な意見や、相手の意見に対する鋭い批判的分析は若干稀薄になっている。それからこの本でもう一つの重要な点は、さいこの現代思想を論じたところで、はじめて彼が「実存哲学」に触れているということである。彼は旧著の哲学史のなかでは実存哲学については一ページも述べていなかった。また現代分析哲学の陣営に属する哲学者としては、論理分析に重点をおいていたのは当然である。しかしその彼が、今度ははじめてキルケゴール、ヤスパース、ハイデッガー、マルセル、およびサルトルという主要なる実存哲学者にそれぞれ言及しているということは、彼の哲学史研究における重要なる事実である。それは晩年の彼の哲学思想が実存主義的な傾向を帯びてきているということを示すものである。

彼は科学技術の進歩が必ずしも人間に希望を与えるものではなく、最近の核兵器の発達は、人類に希望よりもむしろ絶望を与えているという事実を否定することができなかった。彼の世界観は、かつての楽天主義からかなり悲観主義の要素が加わっているようにみえる。人間は苦痛と挫折と失望とになやみながら、そのなかで希望を見出して前進しなければならない。そのような考え方が、彼をして実存哲学に、そしてとくにヤスパースに接近したのであろう。

そのような意味において、この本は形式的にも、また内容的にも、異色的作品として注目すべきものなのである。ここにわれわれは、彼の哲学史の体系は完結したものと思う。

仕事のなかに生きて

ラッセルは、仕事から離れることのできない人である。休むことを知らない人である。もう彼は九〇歳に近かった。しかし依然として膨大《ぼうだい》な量にわたる種々のものを読破していた。

彼は「タイム」「マンチェスター・ガーディアン」「ニューヨーク・ヘラルド・トリビューン」の三紙を読んでいたし、堅い本だけを読むのでなく、大体一日一編のわりで推理小説を読んだ。彼が推理小説を読んだのは、昔から受けついでいる斗争的本能を無害な方法で充足するはけ口とするためであった。そして彼は推理小説を読むときは、「自分をかわるがわる、殺人犯人の立場においたり、これを追う刑事の立場においたりする」のだといっている。

ラッセルほど仕事の多い人もまためずらしいであろう。著書や論文や小説を書いたり、放送協会で放送をしたり、面会者と議論をしたりした。しかもこれらの仕事を、彼はいいかげんでなく徹底的に情熱をこめて最善をつくしてやりとげるのである。彼はいつも何時間も議論をしても平気で、お客の方がすっかり疲労してしまうことが多い。また放送協会のテレビ討論のリハーサルと本番とを両方やって帰宅しても、夜中過ぎまで元気で仕事をしたということである。

ラッセルの筆になる、ジャーナリズム的な著述を通読するものは、その量の膨大さとじつに多くの見解がそこに含まれているため途方にくれてしまうことが多い。まさに「彼の心の流れは、その仕事とともに止まるところを知らない」のである。かつてラッセルがオーストラリア訪問中、記者会見をしたあとで出た新聞「シドニー・ブレティン」紙は次のように報じていた。「ラッセルは、われわれをはげましてくれた。それは全く彼の無尽蔵の活力と快活さのせいである。この世界には原子爆弾もあるが、しかしラッセルのような不屈の人間精神もやはり存在するのである」と。たしかにこのことばは、そのままラッセルの偉大さを物語っているものである。

仕事を止めることを知らないラッセル、疲れることを知らないラッセル、その彼は九〇歳を迎えてから、さらに新しい仕事と取り組むことになった。それは人類を救済すべき世界平和運動という大きな仕事を迎えたからである。しかもその仕事は、いままでの仕事とは比較にならないような大きな、そして困難な仕事である。彼は、さらに新しく勇気と斗志とをもって、この仕事に取り組んだのである。

科学兵器の登場と人類の危機

『変わりゆく世界の新しい希望』　今世紀の大御所にのしあがったラッセルの第二次世界大戦後の活動を語るもので、絶対に見逃すことのできないのは、彼の平和運動、とくに原水爆禁止のための斗争である。彼は大戦のさなかにあっては、枢軸国側が一日でも早く敗れることを願っていた。しかし戦争が、連合国側の科学兵器の使用によって終わったことに対して、彼は大きなショックを感じた。そして「原爆の出現はあらゆることの再吟味を必要とする。私はこれほど前途を暗く感じたことはない」といっている。

そしてラッセルは、一九四五年には「どうしたら原爆による戦争を避けることができるか」という論文を書き、また同じ年にイギリス上院で、このままの状態で進めば水素爆弾がまもなく実用化されるであろうと発言した。そして彼は連合国側とくにアメリカに対して、核兵器による戦争の惨禍について活発な啓蒙運動を展開した。彼の予言どおり、水素爆弾は数年後に実現し、このことは彼に異常な決意と使命感とをもって、全世界の良識に訴えさせることになった。

ラッセルは、一九五〇年、「原子時代に住みて」という題でラジオ放送を行なった。これを書き直して翌年出版したものが、『変わりゆく世界の新しい希望』（一九五一年）である。彼はこの本のはじめに、「現代の社会は、だれも欲しない戦争の方向に押し流されており、この危険の迫ってくるのを避けることもできないで、だまって眺めているだけである」といっている。彼は人間にはいろいろのたたかいがあるが、そのなかでも、人間と人間とのたたかいが問題であると考える。なぜならば、人間と人間とのたたかいで、まず克服しなければならないものが戦争であり、人類が科学を媒介として、戦争の脅威におののいているあいだは、いかなる平和もありえないからである。

科学はもともと真理を探究することであり、真理研究にもとづいて自然と社会との法則を発見し、その成果を人間の福祉に寄与させることである。しかし現代の科学は戦争に役立つ機能を生ずるものとなった。科学のつくった新しい道具が、殺人と破壊の兵器になってしまった。科学はたしかに社会へ大きな影響を与えた。彼は一九五一年にオックスフォードのラスキン・カレッジで、科学がいかに社会へ影響を与えたかという連続講演を行なった。ここで彼は現代の戦争が人類に新しい恐怖を生ぜしめたことを説き、「科学こそ人間を絶滅に帰せしめるものである」とさえ述べている。このように科学と人間とは、絶縁状態でよいのであろうか。

ラッセルは、この変わりゆく世界のなかで、新しい希望をどのように考えているのであろうか。彼は現代の科学技術を通して、人間を帰一させること、従来の不完全な技術では避けられぬものであった過度の労働のいましめから、人間を解放するという事実を発見した。この事実にもとづいて、われわれは人間が現代の技術が要求する協同を実行することをまなびとらなければならない。そこにこそ唯一の希望が存在している

1954年原水爆禁止の感動的放送をするラッセル

のである。

しかし世界は、われわれの希望とはうらはらに、ますます核兵器の製造とその使用にむかって着々と進んでいった。もはやこのまま進展するならば、世界は生存か滅亡かの岐路をみずから選択しなければならなくなる。ラッセルはもう黙っていることができなくなった。一九五四年一二月に、彼はイギリスの放送を通じて、原水爆の禁止を世界に訴えた。感動的に。彼はその放送のさいごを次のアピールで結んだ。「私は一個の人間として同胞に訴える――あなたがたの人間性を想起し、それ以外のことは全部忘れなさい。そうすることができれば新しい楽園への道が開かれる。できなければ、その前途には全人類の死があるだけだ」と。

彼のこのことばこそ新しい希望であり、これをきいたものはだれでも、そのなかにこもる彼の情熱と誠意とを忘れないであろう。

「ラッセル＝アインシュタイン宣言」

ラッセルは、再度の戦争勃発をおそれる世界中の声なき大衆の旗手として新しく行動を開始した。彼は自由主義陣営にも共産主義陣営にも、世界の指導的な科学者にも呼びかけて水素爆弾の恐ろしさを警告する共同声明を出そうと決心した。こうした動きはすでに、第二次世界大戦中に、オッペンハイマーやポーリングなどが、水爆製造に身をもって反対していたことにあらわれていた。

ラッセルは、まずアインシュタインに自分の趣旨を問いあわせたところ、彼は両手をあげて賛成し、ラッセルがその声明を起草してはどうかと提案してきた。そこでラッセルは声明案をつくり、彼に声明書を送った。ついでラッセルはローマで開催された世界政府に関する会議での講演を終えて飛行機で帰国したのであるが、その機上で、「アインシュタイン死す」という悲しいニュースが無電によって知らされた。ラッセルは大切なときに親しい友人を失ってしまった。しかし幸いにも、アインシュタインは死の直前に、声明書に署名することに同意した手紙を書いていて、それがラッセルのもとへ届けられた。

そこでラッセルは、エディス夫人と二人で大変な努力を重ねながら連絡と交渉をつづけ、他の人びととの署名を得ることができた。そのなかには、ポーリング、ブリッジマン（アメリカの化学者・物理学者）、ロートブラック、パウエル（イギリスの物理学者）、インフェルト（ポーランドの物理学者）、マックス・ボルン（ドイツ生まれのイギリスの物理学者）、ジョリオ・キュリー（フランスの物理学者、キュリー夫妻の女婿）およびわが日本の湯川秀樹などがいた。これらの科学者の声明が、「ラッセル＝アインシュタイン宣言」といわれるものである。これらの人びとは、イデオロギーを越えて、人類の一員として共通の敵とたたかうべきであるという基本的地盤に立っていた。そしてこれは有名な「全体的破滅を避けるという目標は、他のいかなる目標にも優位しなければならない」という原則にしたがって行なわれる運動であった。

一九五五年七月のはじめ、ラッセルはロンドンのカクストン・ホールに新聞記者たちを招いて会見を行なった。そしてカメラマンの照明のなかで、彼は銀髪を輝やかせながら記者たちの質問に答えた。ついで彼はテレビの放送のために、原爆禁止と人類の前途について講演を行なった。彼のことばは全世界にあまねくひろがり、彼の声は人びとの胸を打ったのである。このことで、チャールス・トレヴェリアン卿も、ラッセルを賞讃することになった。かつてラッセルを批判していた老卿も、今では「ラッセルこそ今日の世界で、もののわかる唯一の偉人である」といったと伝えられている。

同じ年に各国首脳は、ジュネーブに集まって会議をひらき、これが国際関係に新しい希望を与えることになった。この直後ラッセルは、自分は一九一四年以来、世界の前途について、これほど明るく感じたことはないと語っていた。しかしそのときには、世界情勢がさらに別な発展をしてゆくということはわからなかったのである。

戦争の善悪判定に変化を来たす

文豪トルストイは、かつて『戦争と平和』という一大小説を書いた。トルストイがこのなかで示したのは、戦争を中心とした人間の自由と必然の関係であり、それらがつくりあげた歴史の見方であった。どちらかといえば彼は人間の歴史を戦争に重きをおいた歴史とみている。これに対して、ラッセルは平和に重点をおいて人間の歴史を眺め、そしていかにして戦争を防止しようとするかを考察した。

ただラッセルは、はじめのうちは絶対的な平和主義者ではなかった。そのことはずっと以前一九一五年に発表した『戦時中の正義』という本のなかで、「戦争というものがあらゆる場合に犯罪であるとは思われない」といっていることから明らかである。それは彼が第一次世界大戦は、威信の戦争であるため、その正当性は認めなかったけれども、第二次世界大戦は、自衛の戦争としてその正当性を認めていたのである。この点について若干説明を加えてみよう。

第一次世界大戦の終結は、ラッセルに大きな喜びをもたらしたが、ヴェルサイユ体制のドイツへの苛酷な条件は、必然的に軍国ドイツの復活を促進することになった。しかし、そのころ彼は、来たるべき第二次世界大戦におけるナチス・ドイツがあれほどの暴虐を行なうということを予見しえなかったので、起こりうべき対独戦争において、イギリスは全くの無抵抗をもって臨むべきだという見解をとっていた。それゆえに、ラッセルは平和主義こそ唯一の政策だとし、「もしイギリスが平和主義政権下にあるときに、ヒットラーがこの国を攻撃してきたら、われわれは観光客でも来たようなつもりで彼とその軍隊を歓迎すべきである」とさえいった。

ところが、いざ第二次世界大戦が始まって、イギリスが危険にさらされるに至って、彼は自分の情勢判断が甘かったことに気づき、連合国側の戦斗行為を積極的に支持しはじめた。そのため一九四一年一月二七日の「ニューヨーク・タイムズ」は、「ラッセル博士平和主義を否定」という見出しをのせたし、同年二月一六日にも同紙は、「長年の平和主義も今次戦争を肯定」という見出しをかかげていた。そしてラッセル自身も、その対独無抵抗主義を撤回した。彼は「ヒットラーの跳梁《ちょうりょう》する限り平和は断じてありえない。事態を少しでもよくするためには、彼を打倒することが不可欠の前提である」といった。これは彼が平和主義を否定したのではなく、むしろその基本的態度は、真に平和を追求し、その実現を期待することにあった。

しかし第二次世界大戦は、新しい戦争の状況を示した。その戦争形態は世界戦争であり、それは人類の存続か死滅かという岐路を示すものであった。ここでラッセルの戦争に対する態度は再び変化する。すなわち、いかなる戦争もその正当性はあり得ないという絶対主義の立場へと転換した。ここから、彼は真の平和主義の立場で、その平和論を展開したのである。

ラッセルは、第二次世界大戦直後の数年間は、ソビエト・ロシアによって征服されるよりは、むしろ原爆戦争をえらぶと力説していた。これは彼が共産主義に対する批判的態度のあらわれであった。しかし今はこの立場すら変わってきた。それはラッセルが、ジョーゼフ・オルソップとの会見において、「もし共産主義者が、核武装解除への管理案に同意しない場合、その結果、全世界が共産主義者の支配下におかれようとも、私は一方的な核武装解除に賛成する」という意味の発言をしたことからも理解できることである。

ところが、ラッセルのこの絶対主義の立場にたった平和の考え方に対して、真向から攻撃してきたのが、彼の論敵のシドニー・フックであった。

平和をめぐる華麗な論戦

戦後日本でも、平和の問題をめぐって、いくつかの平和論についての討論が行なわれた。しかしラッセルとフックとの論戦ほど、世界を代表する華麗《かれい》にして激烈なる論戦はないであろう。

シドニー・フックは、ニューヨーク大学教授で、むかしからラッセルの好論戦の相手であった。碁でいえばちょうど碁がたきである。そして彼は徹底した共産主義ぎらいであった。フックは自由主義陣営が、自由を守りぬくためには、絶対に共産主義陣営と手を結ぶべきではないと考えていた。

そのため、ラッセルの発言に対して、「それは西欧自由主義がコミュニストの非妥協的態度に対して完全に屈服したものであって、われわれは断じてこれに承服することはできない」と反駁《ばく》した。彼は、ラッセルが戦争の危機を回避せんとして、結局自由の旗をおろして、コミュニズムの軍門に降ることをすすめているのだと考えた。そして両者のあいだに数回にわたる公開状を通して激論がくりかえされた。

ラッセルの論敵シドニー・フック

このような論戦を通して、西側の一方的軍縮を支持したラッセルの見解は、フックのような反共産主義者を憤激させ、反対に一部の共産主義者をして、ラッセルを見直させる結果となってしまった。フックの個人攻撃的なことばでいえば、コミュニストがかつて「帝国主義の走狗《そうく》」としていたラッセルは、こんどは「平和の真の友」にまつりあげられたということになる。そしてフックは、ラッセルが戦争をしないで、この全世界をクレムリンに献上してしまうだろうときめつけている。しかしラッセルの、ソビエト体制に対する革命直後からの強い反感は、決して修正されてはおらず、今日でもはげしい不信をもちつづけている。この点フックの見方は、若干当たっていないといい得るのではないだろうか。

ここで大切なことは、「自由主義対共産主義」というイデオロギーの対立が重大なのか、それとも「生存か死滅か」という対立が重大なのかということである。ラッセルは、自由主義の諸国民も、コミュニズムの諸国民も、ともにもっとも基本的な自由、すなわち「生き残ることを選ぶ自由」を尊重すべきであるとしている。それはこの「生き残る自由」が、ラッセルの平和思想の核心となっているからである。まさに現代の危機は、「生存か死滅か」の岐路なのである。われわれは、フックとの論戦において、ラッセルがいかに人間の正義を重視しているかを考えなければならない。

このように、ラッセルによれば、いまやあらゆる戦争は無条件に悪であり、それをつぐなってあまりあるような人間的利益（たとえばフックのいう自由など）はもはや存在しない。現代においては、大規模な核戦争はもちろんのこと、小規模な非核戦争もつねに予期しない方向にエスカレーション（拡大発展）する危険をもつものである。過去の歴史的事実に徴してみても軍備競争のあるところには必ず戦争が起こっていた。平和を確立するには、どうしても核兵器そのものを廃止しなければならない。そしてそのためには、人間の好戦的な衝動に適当なハケロを与えるとともに、戦争否定の教育を徹底しなければならないのである。

ラッセルが、戦争の原因をただ政治的、経済的要因だけに求めないで、精神的、心理的要因に求めたのはそのためである。そしてここにこそ、彼の平和を考える根本的な姿勢が存在していたのである。

世界連邦大会

世界政府のヴィジョン　ラッセルの平和への姿勢は、科学兵器の登場とともに危機に直面するにいたった人類に対して警告を発し、どうしたらその脅威からまぬがれるかということに向けられた。そして最初に提示されたものが、「世界政府」の構想である。

ではラッセルの「世界政府」のヴィジョンはどのようなものであったろうか。まず彼は現代のように機械文明や科学技術の進歩した社会は、普通の社会とはちがい、高い程度において、政治権力や経済組織を支配する社会であるとし、この社会をとくに「科学的社会」といっている。そしてこの科学的社会がいつまでも発展してゆくためには、抑圧や暴力がはびこることなく、寛容な態度で、自由に討論のできる状態になっていなければならない。

自由の討論は、寛容な精神を促進し、寛容な精神は、戦争を阻止する役割をもつ。民主主義と自由討論の体制のもとにあってのみ、その社会はあらゆる形態の害悪を取り除くことができる。そして彼は、この科学的社会が平和にそして安定になるためには、どうしても全世界が単一の政府をもち、しかもその単一の政府が軍事力を独占することが必要であるとする。これが彼の平和の倫理を現実的にあらわす世界政府の考えなのである。

ラッセルは、すでに『変わりゆく世界の新しい希望』を出版したときに、世界を戦争から守る唯一の方法は、世界中に広がった権威機関を作り、それにいっさいの重要な軍事力を占有させることであるといっていた。これが彼のいう「国際的権威機関」の創設である。この権威機関は、いくつかの権威をもっているが、そのなかでももっとも重要なことは、主要な戦争兵器をことごとく占有し、それを使うための軍隊を持つことである。この国際的軍隊は、いかなる事情においても、中央政府に忠実で、いかなる国でも、他の国に対して武力を用いたならば、この国際的軍隊によって処罰されることが必要である。

つぎに彼は、この権威機関の仕事を前進させるために、「有和《ゆう》委員会」を設け、この委員会の勧告に権威をもたせることを考える。それは現在の国際連合の憲章では、いつくかの強大な国が拒否権を持つことになっているが、将来の大規模戦争を防止する能力を持つためには、拒否権の存在を許さない権威機関が必要だからである。さもないと、どちらの陣営でも、いつでも拒否権を用いることができるからである。彼はいっている、「国際的権威機関の設立だけが、集団的な大量破壊の手段をとる諸戦争を防止することのできる唯一のそして究極的な方法である」と。これが彼の世界政府の理論なのである。

しかし、ラッセルの世界政府の考えのように、現代の世界は動いてはいない。だからといって、この考え方が決してユートピアだということにはならない。なぜならば、世界の平和はこれなくしては達成不可能だからである。人類の平和に味方するものは最後の勝利者となり、挑戦するものは敗北者となる。これが現代の歴史の真理である。スピノーザのいうように、「すべて崇高なものは稀であるとともに困難なものである」。われわれは、彼の抱いたこのビジョンをかかげ、人びとの知性と良識によって、また忍耐と努力をつくして、一歩一歩と着実に前進しなければならないのである。

世界平和運動の実践に乗り出す

常識的な平和への提案　ラッセルは、世界平和運動の象徴と仰がれている。彼は第二次世界大戦以後は、世界平和運動の仕事をおそらく生涯のさいごの仕事と考えて、全精力をその解決に注いでいる。ところで彼の平和運動は、一九六一〜二年を境界線として、大きく発展してゆく。それはこのころから東西両陣営の対立が、急速に露骨となり、相互不信はいよいよ深くなってきたからである。こうした両陣営内の相互不信を除くにはどうしたらよいであろうか。ここで彼の長きにわたる思想的遍歴は、平和運動という実践活動として結実したのである。思想が真に思想であるためには、それが理論から実践行動へと移されなければならない。その意味で彼の思想は、完全に生きた思想となったのである。

ラッセルは、まず常識的ではあるが、具体的に平和をどうしたら確立できるかを考えた。それには、東西両陣営の為政者を啓蒙し、たがいに憎悪をあおりたてる双方のプロパガンダの停戦、核実験の停止、査察を伴う軍縮の諸段階をへて、世界機構の確立にいたる一連の政策をたてることが必要である。彼は『常識と核戦争』（一九五九年）において、次のような「平和への歩みのプログラム」を示している。

それによれば、平和への第一歩は、東西両陣営の政府に、かれらの目的は大規模戦争によってはけっして保障されるものではないことを納得させることであり、第二歩は、それぞれ相手側の国々が、この明瞭な事実を確信しているのだということを納得させることである。ラッセルは、ここで平和を実現する具体的な方策として、核実験の停止とアメリカ・ソビエトの共同宣言とを力説する。社会体制の相異からくる各種の対立を、核戦争に訴えるのではなくて、平和的方式によって解決してゆこうというのである。

彼によってこのような合理的な対策が提示された。しかし現在の世界の空気は、双方ともこれをすなおに受けいれるともみえない。むしろはげしい感情的反対が起こることも避けられない。そこで人間の生存を望むならば、この合理的思考に対しての、このような感情的障碍の根源を除去しなければならなくなる。その根源とは、さまざまな偏見である。

彼はすでに、この種の偏見の主なものとして、狂信、ナショナリズムおよび誤った教育の三つをあげていた。これらはいずれも、一方的なイデオロギーをもち、人びとに斗争的、敵対的性格を植えつけようとするものである。したがって、平和を確立するためには、このような偏見を除去することが大切であり、そのためには平和に結びつく教育がそのポイントを握ることとなるのである。

人類の未来を求めて

ラッセルは、まことに巧妙な発想で次のような人類の現状を描き出している。すなわち、彼は、地球以外の他の遊星から一人の訪問客がこの地球に来訪したという仮定のもとに、人類と世界の現状をたくみに説明している。

1958年ロンドンから核兵器禁止の大行進をするイギリス国民

この訪問客は人間のことばを知らない。この訪問客は地球にきて次のことを発見した。まず人類は、それぞれ膨大な人口を擁する二つの大群に分かれている。その一方の集団は、経済的に繁栄していて労働の必要がなく、他方の集団は貧しくて労働を強制されている。この対立する集団は、たがいに憎みあい、技術を使ってたがいに相手を絶滅する一大軍事計画をおしすすめている、というのである。この訪問客のたとえは、あたかも彼のかつての空想小説を思い出させる。

このような立場で、ラッセルは、『事実と虚構』、『人類に未来はあるか』（いずれも一九六一年）をあらわして、世界平和確立への方法を示した。それによれば、「平和の条件」はたしかに政治的領域における種々の問題の解決よりも、人間性の問題として解決されなければならないというのである。このことは、いいかえれば、東西両陣営が、会談にのぞむときに誠意や努力をもってするのではなくて、相手を圧倒したいという気持ちが支配する「運動競技の精神」をもってしているということである。核兵器使用による戦争勃発の可能性を互いに望んではいないのにもかかわらず、いざ会談となると成果をあげられないのは、なぜであろうか。

理性や知性の領域で明らかに理解されているのに、東西間の会談で成果となりえないのは、相互間に憎悪の念がわだかまっているからである。そしてラッセルは、自尊心、猜疑《さいぎ》心、恐怖心および権力愛などをあげて、これらの心理的障害を何らかの形で是正しなければこの問題はいつになっても解決されないとする。これがラッセルのいう平和確定の条件であった。そしてこれは、人間の常識にもとづいて平和を確立しようという段階から、人間の誠意にもとづいて平和を確立しようという段階へと発展したことを意味するものである。

ラッセルは決して単なる理想的な世界平和論を主張していたのではない。とくにキューバと中印紛争という二つの危機の教訓を媒介として、彼の平和の理論は、やがて具体的な実践活動としておしすすめられる。すなわち、この局地的戦争にあって、彼は世界の舞台裏で必死の努力と忍耐とをもって、世界の政治的代表者に書簡を交換して、事態の説得に努めたからである。ラッセルは、ケネディ、フルシチョフ、カストロ、ウ・タント、スカルノ、ネール、周恩来などという世界の指導者に幾度となく書簡を交換した。彼のこうした説得があったからこそ、局地的紛争に終わって世界的戦争へとエスカレーションしないですんだのである。

彼のこれらの書簡集は、最新刊『武器なき勝利』（一九六三年）のなかにくわしくのせられている。この本をひもといたものは、彼の並々ならぬ努力の跡を読みとることができるであろう。ラッセルは「人類は果たして今後生存しつづけることができるであろうか」という質問に対して「私は然りということを絶対に確信している」と答えている。ここに彼の世界平和への確信と人間信頼とがあらわれているのである。

核武装反対の不服従運動

ラッセルは、核兵器の廃止という人類の悲願を目標として、いよいよその組織活動を展開する。彼は第二次世界大戦が終了するや、まずイギリスで「核兵器反対国民同盟」を組織してみずから指導者となった。ラッセルを最高指導者とする核兵器全廃のための運動本部は、ロンドンにおかれ、彼はその同盟の最高顧問となり、まもなくその総裁となった。

そしてこの組織は大衆のあいだに浸透し、核実験反対の集会や平和行進などが着々と進められていった。彼はつねに「他の国が核兵力を保有するからといって、自分も持とうと考えることはおろかなことである。これは核兵力を拡大させる機運を促進し、しかもこれが大規模な戦争を誘発する危険をはらむものである」と主張していた。

ところが一九五五年に、この平和運動の組織の幹部のあいだに、国会の議席をもちたいというものがでてきて、それが労働党と接近し、正式に政党として政治的活動に参加すべきであるという意見を唱えはじめた。しかし労働党の主流の方針は、核兵器を所有することが国防上必要であり、軍縮問題は国際情勢に応ずべきだという意見に傾いているときであった。ラッセルはこの傾向に反対して、何度も幹部会をひらいたがまとまらず、ついに彼はこの同盟を去ることになった。

そもそも、核兵器反対という人類救済の純粋な気持ちは、政治的野心とむすびつくべきではない。ラッセルは、志を同じくした人たちとともに、もっと明白な目標と性格をもった組織を結成しようとした。そして彼は、そのなかでも一〇〇人だけをめざして精鋭をすぐり、新しい決意をもって委員会をつくり、これに

「百人委員会」という名をつけた。この委員会は、今日ではイギリス全土に組織が拡大されて、五万人の会員を有するにいたっている。

一九六一年を迎え、ラッセルは夫人とともに、自ら大衆の陣頭に立って核兵器反対のすわり込みデモを敢行した。政府はこれをだまって放っておくわけはない。彼は国防省の玄関前にすわって逮捕され、一週間の投獄の浮き目をみることとなった。そこで百人委員会は、ただちに政治に反対する一般大衆の不服従運動を開始することとなった。ついで一〇月二九日、百人委員会の主催で、ロンドンのトラファルガー広場（かつてラッセルが第一次世界大戦の勃発にあたり、国民がこれを歓喜して迎えた事実を発見した広場）で、ラッセル夫妻を指導者とし、不服従運動をテーマとする公開討論会が開かれた。さらに一二月九日、同委員会は、イギリス内のそれぞれの核兵器基地、軍事飛行場などのすわり込みデモを敢行している。このときは数千人が行動して数百人が逮捕されたといわれる。

このときである、ラッセルが、核実験の被害を受けた唯一の国である日本に対して、メッセージを寄せたのは。そのメッセージのなかで彼は、次のようにいっている。「イギリスにおいて、われわれは大衆動員による組織的抵抗をしている。そしてこの運動が国際的になり、圧倒的になってゆくことがわれわれの希望である。私は絶望に降服することを拒否する。われわれの運動が全世界に広がってゆくよう私は切に熱望してやまない」と。

ラッセルにとって、平和の問題は、イギリスでも日本でも同じ問題であった。日本とイギリスとは、たとえ何千マイル離れていても、われわれは、彼の書いたものや、実践行動によってたがいに呼びかけ合い、励ましあうことができる。彼はあえてあの老軀を日本に運んでこなくても、この魂をもって日本に呼びかけているのである。

しかもラッセルが、日本へメッセージを書いているあいだも、ロンドンの上空では水爆飛行機がひっきりなしに飛びまわり、またポラリス潜水艦（北極星という名をつけた原子力潜水艦）が寄港しようとしていた。ラッセルは、この運動に対して、家庭ぐるみで活動している。エディス夫人はつねにラッセルのそばにあって、広場にも、壇上にも、行進にも、いつもいっしょに行動している。

かくのごとく、彼の平和の理論とその発言はその実践活動のなかに完全なかたちで展開されているのである。

ベトナム問題起こる　世界平和の問題は、一九六二年となり、新しい歴史的転機に直面した。それはベトナム戦争の開始である。世界の耳目はベトナムに注がれた。そしてラッセルの実践活動は、一九六二年を契機として、それ以後はベトナムの問題にその全精力が集中された。

ラッセルの平和運動の基盤は、あくまで自由と平和を、人類社会のなかに確立しようとするものである。それは資本主義社会とか社会主義社会とかいうイデオロギーを越えたものである。ただ彼は資本主義諸国が、自由主義を守るという口実を設けて、後進諸国を圧迫してきたという事実を見逃さない。そこには、明らかに帝国主義の立場にたった植民地支配の考え方が存在していたのである。こうした観点から彼は、イギリスがかってコンゴ、スエズ、ローデシア、南阿などに対してとった態度を非難してきたのであり、同じように、現在アメリカのベトナムに対する態度をも非難するのである。

彼は、ベトナムの問題に関しては、なんといってもアメリカ帝国主義の侵略行為であるとみる。そしてアメリカのベトナムにおける軍事行動は、非戦斗員を大量虐殺したり野蛮行為をしたりするもので人道上許せないものであると非難する。この問題を解決するためには、彼は武力行動によるのではなく、一四か国ジュネーブ協定を基礎にして、国際会議による平和的処理を実行すべきであると主張する。

労働党を脱党して党員証を破るラッセル

かくして、ラッセルは、「バートランド・ラッセル平和財団」（核戦争の脅威に対し、国際的レジスタンス運動を発展させようとするラッセルの努力に広くかつ組織的な基盤を与えるもの）を組織し、「ベトナム共同連帯同盟」（一九六六年）の仕事を行なうことになった。そして彼はスピーチに、メッセージに、また街頭行進に、あるいはイギリスの国内集会に、さらに海外の国際会議にと、アピールをつづける活動となったのである。そして彼のこれらの諸活動は現在までずっと続けられている。

ラッセルはベトナムの問題にその全活動を集中するや、みずから組織した「百人委員会」も、もはやアメリカの力に毒されたといって脱退した。彼は、アメリカの帝国主義はベトナムの敵であるだけでなく、世界のいたるところにその支配をひろげる敵であり、ベトナムの勝利は、抑圧されている国と人びとの解放に通ずるものであると主張する。この彼のアピールは、圧迫され侵略されている人びとが帝国主義とたたかってこれを破るために、行なわれたのである。

一九六五年六月ロンドンのラッセルの自宅で、テレビ・インタービューが行なわれ、それが全米に放送された。そのなかで、ラッセルは、アメリカはベトナムで侵略戦争をやっており、「ベルリンの壁」のようなおろかな行動よりも、ベトナムで行なわれている悲惨さはさらにひどいといい、正面切ってアメリカを批判した。アメリカでは、テレビのスクリーンを通して、はじめて外国人から国民の耳目に、自国の批判をされただけに、その衝撃は大きく、異常な反響をよんだといわれる。

ラッセルは叫んでいる。「アメリカの良心に訴える。同時に人類の良心に訴える。人道にそむくこうした行為が、今日文明の時代に許されてよいものだろうか」と。じつにラッセルは、哲学者としてではなく、またイギリス人としてでもなく、一箇の人間として、人類を滅ぼしてはならないことを力強く要求しているのである。

国際戦犯法廷ひらかる

ラッセルは、ベトナム共同連帯同盟の総裁として、もっともけわしくもっとも多難な組織活動に着手しはじめた。それは、ベトナムにおけるこの非人道的行為の実情を人類に知らしめ、その証拠・証言を提出し、こうした行為を停止させることに貢献しようとする仕事である。ラッセルの思想と行動とを系統的に追究すれば、ベトナムにおける戦争犯罪の糾弾《きゅうだん》は、彼のこれまでの思想と行動の系列からみれば、きわめて論理的な結果というべきである。

1967年のストックホルムでの第1回国際戦争犯罪法廷

ラッセルは、一九六六年の春（九四歳のとき）『人類の良心に』と題する文章で各国の著名知識人たちによびかけたとき、世界はかなりショックであった。まさか彼がこれほど急進的なコースを進むとは予期していなかったからである。彼はこの『人類の良心に』のなかで次のように訴えている。「アメリカ政府がベトナムで挑発した戦争、この途方もない残虐行為を、世界の世論と世界の行動によって、やめさせなければならない。そうでなければアイヒマンが全人類の化身となるであろう」と。

かつてラッセルは、ドイツが自由と平和と人道の確立に違反したために、ドイツを憎悪した。そして彼はナチスを裁くニュールンベルク法廷を支持した。今度は、そのニュールンベルクで、ナチスの罪状を論告したアメリカが、ナチスと同じような残虐行為をベトナムで行なっているがゆえに、ニュールンベルク法廷でアメリカの戦犯行為が裁かれるべきであると主張する。すなわち、ベトナムにおける戦犯として、アメリカの政治代表者、非人道行動に責任のあるものを裁く国際法廷をひらくことを提唱したのである。

かくして一九六六年一一月、ラッセルのアピールにこたえて、サルトル、アイザック・ドイッチャー、劇作家ペーター・ヴァイス、物理学者アルフレッド・シュヴァルツその他各国の学者、文化人がロンドンに集まって、アメリカの戦争犯罪を裁くための準備会が開かれた。そして国際法廷はラッセルを名誉会長に、サルトルを裁判長とすることにきめられた。日本では、各会の人びとによって「日本委員会」が設立され、ラッセル法廷を支持し協力することとなり、七人編成のベトナム調査団が派遣された。これらの運動の本拠は、ラッセル平和財団であり、財団の活動そのものが、ベトナム戦犯国際裁判であるといえる。

さて一九六七年、四月三〇日から五月一〇日にかけて、スウェーデンのストックホルムの中心街にあるフォルケット・フスで、「国際戦争犯罪法廷」いわゆる「ラッセル法廷」の第一回公開法廷が開催された。法廷には世界各国の報道陣、その他の招待客で常時数百人が傍聴した。しかしアメリカ政府は法廷からの招請を拒否した。

さて法廷では、アメリカの侵略行為について、つぎつぎと証言が行なわれ、民間目標の砲爆撃についての証拠も大きく積みあげられていった。ことに劇的であったのは、ナパーム爆弾の犠牲者が出廷したことであった。そして法廷は、人類に対する犯罪として、アメリカを有罪であるという判決を可決した。なおこまかい問題の審議と検討は、次回の法廷で行なうことになった。

このような国際法廷の開催と、ベトナムのどろぬまの状態とのなかで、ラッセルの平和運動は、これからますます尖鋭化してゆくであろうし、多難な前途をかかえてゆくことであろう。それがどんな進路をたどるかは注目に値するものである。

ラッセルは、最近『ベトナムの戦争犯罪』(一九六七年)を著わして、そのなかで、ベトナム問題の核心をつき、国際法廷の意図を明らかにし、あわせて人類の英知をもって抗議と告発とを行なっている。さらにこのなかで、彼は、すべての国の人びとに、この法廷を人類の良心の法廷とすべきことを祈念しているのである。

ヒューマニストとしてのラッセル

われわれは、ラッセルの現在にいたるまでの思想と行動を、いろいろの観点から考察してきた。ここでは彼の思想を全体的に基礎づけ、かつ包括する世界観と人生観とについて、さらに検討してみようと思う。

天文学的世界観

ラッセルは、哲学者であるとともに科学者である。そのことが彼の世界観を独特のものにしている。彼は科学者として、この宇宙が広大無辺であると考えた。この広大無辺の宇宙のなかで、地球は銀河系のなかの恒星のうちで、さらに小さい惑星の一つにすぎないものである。このような立場にたつと、われわれの生命や経験は、因果的にはほとんど重要ではない。人間の想像力は天文学の世界に支配されており、地上における楽観主義も悲観主義も、宇宙哲学としては、同じ素朴な人間中心主義のあらわれである。

偉大な世界は、自然の哲学が教えるかぎり、善でも悪でもなく、またわれわれに禍福をもたらすことに関心を示すこともない。このとるに足りない惑星に寄生する人間が行なうものは、宇宙という膨大《ぼうだい》な存在から比べるならば、いかに眇《びょう》たるものにすぎないのであろうか。ラッセルは、このように広大無辺の宇宙の悠久の発展において、人間の微小さを強調するのである。

彼のような立場は、「宇宙的世界観」とか「天文学的世界観」とかいわれる。彼の宇宙における人間の位置と、宇宙に内在している正義の原理などを認めない立場は、キリスト教倫理を越える立場であり、これこそ彼の処世上の知恵を作っているものである。なぜならば、もし宇宙は正義の存在を信ずることを断念するならば、何が起こってもわれわれはこの世界に対して不平をいわなくてもよいからである。ラッセルは、自分の人生哲学の根本理念を、みずからの生活の実践的方針としていた。

しかしラッセルの宇宙における人間の位置が、これだけのものであるならば、人間を軽蔑する一種のニヒリズムに帰着してしまう。彼の世界観はこれだけで終わってはいない。それは何かといえば、このように宇宙全体からみれば、じつに微々たる人間が、その矮《わい》小さにもかかわらず、偉大なる存在だということである。すなわち、人間は自分の心のなかに広大な宇宙を映し出す偉大なる能力をもっている。換言すれば、人間の理性的精神は、学問を形成し文化を産出し、かつ歴史を動かす能力を賦与《ふよ》されているのである。かつてパスカルがいった「人間は無力さと偉大さとを同時にもつ存在である」ということばのように。

この点について、ラッセルはいう、「天文学者が写真原板上に認める小さい点は、彼にとっては何十万光年も離れた膨大な星雲のしるしである。空間の莫大さと時間の永遠さは、すべて彼の心のなかに記憶され、その心はある意味で、空間・時間と同じく莫大である」と。たしかに、いかに巨大なものでも、いかに微小なものでも、人間の知性はこれを捉えることができるし、いかに時間的または空間的に離れたものでも、人間は宇宙の構造のなかでその意義を認めることができる。

人間は力において弱い存在である。しかし考えることにおいて、自分の理解しうるあらゆるものと同等の存在なのである。かくしてラッセルは、再び人間中心主義の立場へ戻ってくる。すなわち、宇宙の広大さに対する驚嘆と畏敬の念は、そのまま個人としての自由な人間の尊重の考え方と結びつくのである。われわれは、星のまたたく宇宙のいかに大きいかを静思するとき、音楽や詩を通じ、歴史や科学を通して、人間生活における貴重なものは、個人的なものであるということを認識することができる。彼の世界観は、このように個人としての人間尊重の立場にもとづいて確立されていったのである。

人生は永遠の流れのごとく

ではラッセルは、人生をどのようにみているのであろうか。一世紀を生きてきた巨人ラッセルの人生観は、おそらくわれわれに重要な示唆《しさ》を与えるものであろう。彼は人生に対して、つねに未来に向って進み、けっして過去に対して不当な執着をもっていない。彼がいつまでも精神的に若さを失わないということは、この人生に対する前向きの姿勢によるものである。

ラッセルは、人生を河のようなものであるとたとえる。個人的な人間存在を河にたとえて彼は次のように述べている。――最初は小さく、狭い土手のあいだを流れていき、烈しい勢いで岩にぶつかり、滝となって落ちる。そのうちしだいに、河幅はひろがり、土手は後退して水流はもっとゆるやかになり、ついにはいつのまにやら海に流れこんでしまい、何の苦痛もなくその個人的存在をなくしてしまう――老年になって人生をこのようにみられる人は、死の恐怖に苦しむことはないであろう。

ラッセルは、このように人生を急流から発達して海に流れこむ大河にたとえるのであるが、それは苦難にみちてはいたが、ほぼ報いられた彼の人生そのものをあらわしているように思われる。彼は人生に対する希望の倫理の確立を、この永遠の生命の流れに対する確信のなかに求めた。かくて彼は自分の生命を普遍的生命のなかに融合させ、そのことによって彼の存在と生命の発展とが約束されたのである。

今日のように人間が疎外的状況をあらわし、人類が生きる希望を喪失しているときに、人間に希望を与えるためには、前進するエネルギーが必要である。そしてこのようなエネルギーが、外界に対する興味を促進することによって、人間をその不幸から救済するのである。ラッセルは、人間の生命力やエネルギーを重視する。彼が理想的人間像の具備すべき性格として、もっとも重視するのはこの生命力すなわちバイタリティである。彼があの老齢でまさに完璧《ぺき》に近い健康を保持して、壮者をしのぐ活力で、平和運動に挺身しているのも、彼が無限のバイタリティを蔵している証拠である。

ラッセルの人生に対する考え方は、生に対して積極的に肯定的な態度をとり、彼の人生論は、この積極性や創造性、さらに建設性によって支持されている。人間の生命は無限の可能性をもっている。人生論とは、この人間の可能性を探究することである。したがって人生論は、希望や理想とむすびつく。なぜならば人間は可能性を探究して、数多くの可能性のなかから、一つまたはいくつかを選択しようとするものだからである。ラッセルは、人びとが美を創造し、愛の能力をかちとり、さらに全人類のさまざまな雄大な希望の能力を建設することを確信している。彼は人間の可能性に絶大の信頼をおいているのである。

彼はいう、「人間の力でもって、赫々《かくかく》たる光彩に輝く大殿堂を建築し、そこから人間の思想と感情をもって、できるかぎりの輝かしい偉大なものが、時のかげりを混じえない光を放ち、人びとの情感を喜ばせ、思想を明晳《せき》にすることができるのである」と。

最近人生論についての関心がブームをよび起こしている。社会が不安な状態になると、人間はそれぞれ自己の人生いかにあるべきかを考えるものである。そのとき、われわれはラッセルの人生についての積極性、前進性および創造性と、人間における無限の可能性への信頼とを、自分の人生観を確立するための一大指針としなければならない。

人間愛と惻隠の情と

ラッセルの人生観のなかで、忘れてはならないものは、彼の思想の内面に潜んでいる優しい人間愛と、あわせて宗教的ともいうべき惻隠《そくいん》の情とである。ラッセルは外観的には、するどい機智と批判とで容赦なく偶像を破壊してゆくのであるが、しかしそれだけでは彼を十分理解することはできない。彼の内面的な性格には、人間的愛情と宗教的惻隠の念が存在していたのである。

ラッセルのそのような秘められたる内面性は、彼の「愛に動かされ、理性にみちびかれて」ということばでもわかるし、またかって一七年前にオーストラリアへ講演旅行にいったときに、「問題の根本はじつに単純なのです。私のいいたいのは愛、すなわちキリスト教的な愛ないし惻隠の情なのです」と発言して聴衆をおどろかせたことからもわかることである。

ラッセルは知性とともに愛情を人生において重要なものと考え、その自由な発展をさまたげるものは、極力これを取り除かなければならないといっている。愛とは、本来の意味からいえば情緒的な要素を含んだ、かつ肉体的であると同時に精神的なものである。そして人間に新しい人格を形成するにも、人間の全存在いいかえれば肉体と精神とが融け合った「情熱的な愛情」の如何によるのである。情熱的な愛情こそ、人間活動の出発点であり、円満な精神と寛容な社会の基盤となる情緒であるということができる。

彼はこの「情熱的な愛情」をはばむものの一つとして、宗教とくに禁欲主義をあげている。これは長いあいだ人びとに偏見を植えつけ、文明のゆがみを生ぜしめたとみる。しかし彼が批判するのは因習的な迷信であり、また権力と結合しイデオロギーと化した狂信であって、宗教そのものを排斥したのではない。ラッセルは、宗教の本質は、人間をその貪欲な願いや狭隘《きょうあい》な思想の牢獄から解放するものとしてとらえている。そしてキリスト教のなかでも、「崇敬の念」「甘受《かんじゅ》の心」および「愛の心」などは残しておかなければならないといっている。このようにラッセルの真意は、優美なる人間愛にあったのである。

ラッセルは、人間の真の自由はわれわれ自身の姿を愛する心によって創造された神のみを信仰しようという決心のなかに存在するという。彼は人間をしてたえず善を夢みつつ生きることを可能ならしめるあの信念のエネルギーをまなびとろうとしたのであり、その行動において、その夢をいつも眼前に彷彿《ほうふつ》たらしめつつ、事実の世界へ降りていこうとしたのである。ここには科学者ラッセルとは思えないような、宗教的惻隠の情が吐露されているであろう。

自由な人間は、日々の営みのうえに愛の光を投げかける新しい夢が、つねに自分とともにあることを見出すことができる。人間の生活は、暗夜行路であって、疲れと苦しみにさいなまれながら、ごく少数の人しか到達することができない目標にむかって進んでゆくようなものである。彼はいう、「人間は極めて稀な精神をもつもの以外は、自分の理想を礼拝するための殿堂に入るまえに、暗い洞穴を通らなければならない。しかしそれを出ると希望の門があり、それをくぐれば再び知恵の明かるみに出ることができる。そしてその輝きで、新しい洞察、新しい喜悦そして新しい優しさが光を発するのである」と。

ラッセルの人生観は、このように人間愛と惻隠の情にあふれたものである。しかし人生観が思想となるためには、この愛情と崇敬の念が、科学と結びつかなければならない。科学なくしては愛は無力であり、愛なくしては科学は破壊的である。すなわち、「愛情によって統治される科学」こそ、人生の問題を効果的に解決するものである。このことは彼が愛情と知性、つまり「知と愛」とのうるわしい統一こそが、人生に自由と平和な交響曲を奏することができるという信念を堅持していることを示すものである。

かくして彼の哲学は、現代諸科学の装備を身につけ、宇宙の神秘さと人間の位置をふまえ、知識と愛情との統一的体系として完結するのである。この点について、今年一九六七年九月に出版された『ラッセル記念論文集』（イギリス系の一九名の哲学者を主体としたもの）のなかで、エイヤーが、ラッセルこそ経験主義の伝統をうけついで、これを現代的に新しく大成させた唯一の人であり、まさに「世紀の哲学者」であるといっているのもゆえあるかなである。

星雲として光り輝く

私がラッセルの生涯と思想を書きはじめたのはまだ暑い夏であった。しかしいつのまにか爽《さわ》やかな秋を迎えていた。そして再び澄みきった秋の夜空を眺めると、以前よりはずっときれいに星がまたたいているのが手に取るように見えてきた。

そのとき私は新しい発見をした。それはラッセルの生涯と思想をつぶさに考察してきたあとで、星空をながめたとき、私の眼に映じたのは、ひとつひとつの光り輝く単独の星だけでなく、そしてまた数個の星の集まった星座だけでなく、夜空いっぱいに長くのびている大きな「星雲」の姿であった。そうだ、ラッセルは星雲なのだ。そのなかに、多くの星と星座とを持って、空いっぱいにひろがっている一大星雲、それがラッセルなのだ。私にはそんなような感じがした。

ラッセル星雲は、いつまでも光り輝いて、われわれをみちびいてほしい。そのラッセルは、すでに三〇年も前の一九三七年に、たわむれに自分のための弔詞を書いて、自分は満九〇歳になったらこの世を去るといっていた。しかし、この予言は的中しなかった。その自己戯評とでも言ふべき弔詞の中で、彼は自分を第三者の立場において次のようにいっている。

「彼の生涯はまことに数奇をきわめたものであったが、そこには一九世紀初頭のアリストクラティックな反逆者たちを彷彿させる一種の時代錯誤的な一貫性がみられる。かれの諸原理はたしかに奇妙な原理ではあったが、それはそれなりに彼の行動を律していたのである」

とあり、またつづけて

「晩年の彼が、政治的には、王政復古後のミルトンがそうであったように、全く孤立無援であったことを考えると、これは主として彼の衰えを知らない健康のせいだったようである。彼はすでに死んだ時代の最後の生存者であった」

といって結んでいた。この弔詞はもとより役に立たなかった。そしてわれわれは、世界のためにそのことを喜びとするものである。

ラッセルは、世界に超然として動かざれば、貴族として静かなる余生が送られたことであろう。しかし彼は「たえず努力するものは救われる」という考え方にしたがって、動いて人生を追究した。彼は懐疑者のごとく思索し、信者のごとく行動する近代人であり、強い意志と情熱をもって、いつまでも仕事をつづける人間である。彼は最近『自叙伝』の出版を決意し、その第一巻（一八七二〜一九一四年）、第二巻（一九一四〜一九四四年）および第三巻（一九四四〜一九六七年）が出版された。

彼はいま北ウェールズのペンリンダイドライズ村の風光明眉な人里離れた閑居で生活している。彼の日課は読書と執筆である。執筆は、自叙伝全巻の完成に、あとは平和アピールのためのメッセージなどである。ときには音楽をきき、また庭で散歩もする。もとより健康であるが、最近の情報では、以前よりはやはり動作に変化がみえているということである。たとえば、歩みが小きざみになり、やや腰をまげかげんにし、はりのある声にかすれがあらわれてきたといわれる。胃のトラブルのため、固形食はうけつけないが、好きなウィスキーとパイプは相変らずかかしたことはない。

一九七〇年二月二日の夜、ラッセルはウェイルズの自宅でインフルエンザのため、その長く輝かしい生涯を閉じた。彼こそまさに、来たるべきよりよき時代への最も強烈な闘士であったということができるであろう。今は、人びとを導く星の光は見あたらない。しかし、われわれは、自分たちそれぞれの心のなかに、新しく光り輝く知性がつくられていることを信じていきたいと思う。

あとがき

ラッセルは二〇世紀最大の思想家である。そして彼の思想は、汲めどもつきざる泉のように、さまざまの広い分野にわたって展開されており、本書などではとてもその全体にわたって紹介することはできない。また彼の著書や論文や雑誌に書いた文やエッセイ、その他各種のメッセージ、アピールなどを加えると、厖大な数にのぼり、われわれはとてもそのすべてを読むことはできない。彼の著作のある一部分だけをみて彼を論ずることは、あたかも巨象をなぜる群盲のあやまちをおかすことになる。

ここ数年来、ラッセルの業績は世界各地でみとめられ、彼の思想と行動を研究しようとする傾向が非常に強くなってきた。わが国でもラッセル研究が本格化し、一九六五年一月二一日、「日本バートランド・ラッセル協会」（早稲田大学政治経済学部牧野研究室内）が発足することになった。この協会はラッセルの思想の研究、理解、普及を目的とし、あわせて世界の平和および人類の幸福に貢献しようとする目的をもったもので、アカデミックな仕事に終始し、政治的活動は行なわないことになっている。

この協会は、この目的を達成するために研究会及び講演会を開催し、機関誌、資料その他の刊行物を発行し、また同じ目的をもつ他の団体との連絡などの仕事をする。そして年に少なくとも一回は公開講演会（大体ラッセルの誕生日の五月一八日）を催し、また数回の「会報」を発行して、会員相互の研究と連絡をはか

ることになっている。この会は誕生当時は小さいものであったが、しだいにラッセルに関心をもつものが増加し、今では会員のほかに多数の会友が参加してこの会をもりたてている。さらにまたこの協会は、渡欧してラッセルに会った人たちの帰朝談などによって、彼の近況をつぶさに連絡しあっている。

ラッセルについての独自の研究書はきわめて少ないけれども、訳本は非常にたくさん出版されている。「バードランド・ラッセル著作集」をはじめとして、すでに一〇〇冊以上になろうとする邦訳が出ている。それからラッセルのものは最近、英文教科書として学校で使用されているものが非常に多い。もちろん彼の一つの著作全部ではなく、その抜粋が多いのではあるが、これとても各種の書店からテキストとして、六〇種以上も（このほかに対訳は一〇種以上）発行されている。しかも彼の文章は論理が朗快で、じつに流暢な代表的エッセイが多いので、それだけ利用されることが多いのであろう。こんな点でも、若い世代たちは、ラッセルに触れる機会はもっとも恵まれているわけである。

またラッセルの著作を一堂に集めるという機会はなかなか得られないのであるが、一九六七年の三月から四月にかけて、イスラエルで国際書籍展がひらかれたが、そのさい世界各国で発行されているラッセルの出版物が特別展覧されることになった。こういった国際書籍展のなかで、毎年秋西独のフランクフルトで開かれるものが世界的に有名である。これに比べるとイスラエルの書籍展は、まだ歴史もあさく規模も小さいが、それだけに新しい試みをもっている。

ここでエルサレム市は、「社会における人間の自由」という課題に対して、著述をもって貢献した著者に

文化賞を贈ったのであるが、この第一回の授賞が、一九六三年にラッセルであったということも特筆すべきことであろう。今年の国際書籍展には、大陳列場が準備されている。というのも、イギリスで出版された全刊行物をそろえ、それに世界各国で翻訳されたものを並べようとして、各社に出品を要請しているからである。おそらく今年は、それ以外の問題（ラッセル法廷の問題など）ともあわせて、ラッセルに対する世界的関心はいっそう高まることであろう。

ラッセルについては、いろいろと学ぶところが多い。そしてまたラッセルを勉強することは、そのまま日本のかかえている諸問題と直結することになるであろう。それはこの本を読んだ人は、その点で何かをつかんだことと思うからである。彼の著作はたしかにたくさん出ているが、とにかく自分の好きな領域のものをどれでもよいからよんでほしい。できれば直接英文で。巻末の「参考文献」は、わりあいに平易に書かれており、また代表的なものをあげておいた。大いに活用してもらいたいと思う。

ラッセル年譜

西暦	年齢	年譜	背景をなす社会的事件ならびに参考事項
一八六八年			第一次グラッドストーン内閣成立
七一			ドイツ帝国成立、独仏戦争
七二		**ラッセル生まれる**（五月一八日ウェイルズで）	
七四	二歳	母ケイト死す、姉レイチェル死す	第一次ディズレリー内閣成立
七六	四	父アンバーレー死す、ラッセル孤児となる 祖父ジョンのところへ兄とあずけられる	
七八	六	祖父ジョン死す、兄フランク第二代伯爵となる	
八〇	八		第二次グラッドストーン内閣成立
八二	一〇		独墺伊三国同盟成立
八三	一一	はじめてユークリッド幾何学をまなぶ	

八四	一二		第三回選挙法改正、「フェビアン協会」成立
八八	一六	速成塾でまなぶ	
八九	一七		**大日本帝国憲法発布**
九〇	一八	ケンブリッジのトリニティ・カレッジに入学	ドイツ社会主義労働党はドイツ社会民主党と改称
九三	二一	数学優等第七席となる	アメリカ経済不況となる
九四	二二	ケンブリッジ卒業 **アリス**と結婚する	**日清戦争**（－一八九五）
九五	二三	ラッセル夫妻、ドイツ訪問（二度） ベルリンで社会主義を研究	
九六	二四	処女作『**ドイツ社会民主主義**』出版 ラッセル夫妻アメリカへ行く（数か月）	ブライアン民主党をつくる
九八	二六	ヘーゲル主義から脱出しはじめる	米西戦争
九九	二七	ケンブリッジで「ライプニッツ哲学」の講義をする	イギリス、南亜と戦争勃発
一九〇〇	二八	『**ライプニッツの哲学**』出版	労働代表委員会成立

二	三〇	**『自由人の信仰』**出版	オーストラリア連邦発足
三	三一	**『数学の原理』**出版	
四	三二		**日露戦争**（―一九〇五）
五	三三	オックスフォード郊外に移る	イギリス自由党成立、**第一次ロシア革命**
六	三四		イギリス労働党成立
七	三五	ウィンブルドンで下院に立候補する	
一〇	三八	トリニティ・カレッジの講師となる **『プリンキピア・マティマティカ』**第一巻刊行 **『哲学評論集』**出版	南アフリカ連邦成立 日韓合併
一一	三九	アリスと別居	辛亥革命
一二	四〇	**『プリンキピア・マティマティカ』**第二巻刊行 **『哲学の諸問題』**出版	**中華民国成立**
一三	四一	**『プリンキピア・マティマティカ』**第三巻刊行	
一四	四二	ハーバード大学で、ロウエル記念講義	**第一次世界大戦勃発**（―一九一八）

		『外界の認識』出版	イギリス対独宣戦布告
一五	四三	徴兵反対同盟（NCF）の委員長となる	
一六	四四	不穏文書作成で裁判、罰金一〇〇ポンド トリニティ・カレッジを解任される **『社会再建の原理』『戦時中の正義』**出版	**ロイド・ジョージ内閣成立**
一七	四五		**臨時教育会議設置、**ロシア革命起こる
一八	四六	反戦運動で召喚、六か月の禁固をうく ブリクストン監獄の囚人となる **『自由への道』**出版、九月釈放される	日本シベリヤ出兵 **第一次世界大戦終結**（一一月一一日）
一九	四七	**『数理哲学序説』**出版	中国に五・四運動起こる 対独講和条約の調印
二〇	四八	ソビエト・ロシアを訪問 **『ボルシェヴィズムの実践と理論』**出版 中国を訪問、北京大学で講義	**国際連盟成立**
二一	四九	**『精神の分析』**出版 北京で急性肺炎となる、帰途日本に立寄る	ワシントン会議

		アリスと離婚、ドーラと結婚 長男ジョン生まれる	
二二	五〇	『中国の問題』出版 この年からアメリカへ数回講演に行く（一九三八年まで） 労働党候補としてチェルシーで立候補する再び落選	ムッソリーニ首相となる ワシントン海軍軍縮会議
二三	五一	『産業文明の将来』出版 『原子入門』出版 長女ケイト生まれる	ボールドウィン内閣成立
二四	五二		最初の労働党内閣成立 孫文の三民主義
二五	五三	『相対論入門』出版	ロカルノ条約締結
二六	五四	『教育論』出版	
二七	五五	『哲学概論』『物質の分析』出版 ビーコン・ヒル・スクールを開設する	
二八	五六	『懐疑評論集』出版	パリ不戦条約 ソ連第一次五か年計画

二九	五七	**『結婚と道徳』**出版	世界経済恐慌はじまる、ニューヨーク株価の大暴落
三〇	五八	**『幸福の克服』**出版	ロンドン海軍軍縮会議 イギリスの失業者増大
三一	五九	**『科学的展望』**出版 兄フランク死す、ラッセル第三代伯爵となる	**満洲事変**
三二	六〇	**『教育と社会秩序』**出版	ルーズベルト大統領となる ローザンヌ会議
三三	六一		ニューディール政策はじまる ヒットラー首相となる 日、独 国際連盟脱退
三四	六二	**『自由と組織』**(一八一四―一九一四)出版 ラッセル、ビーコン・ヒル・スクールから手を引く	
三五	六三	**『宗教と科学』『怠惰礼讃』**出版 ドーラと離婚	ジョージ五世在位二五年記念祝典
三六	六四	**パトリシャ**と結婚	日本、海軍軍縮会議を脱退

		『平和への道』出版	二・二六事件、日独防共協定
三七	六五	爵位継承による最初の院内講演 コンラッド生まれる	盧溝橋事件、上海事変 チェンバレン挙国内閣成立 **日華事変**（—一九四五） 日独伊三国枢軸協定 列強軍備拡張はじめる
三八	六六	**『権力論』**出版 アメリカへ行き、六年間在住する シカゴ大学で言語諸問題の演習	ドイツ、オーストリア合併
三九	六七		**第二次世界大戦勃発**（—一九四五） 独ソ不可侵条約成立
四〇	六八	**『意味と真理の研究』**出版 カリフォルニア大学で講義 「ラッセル事件」生ず	チャーチル内閣成立
四一	六九	ハーバード大学で、ジェイムズ記念講義 バーンズ財団で哲学史講義をする	**太平洋戦争**（—一九四五）

			真珠湾攻撃 英・米の大西洋憲章発表
四三	七一	バーンズ財団から解雇される	ケベック会談、カイロ会談、テヘラン会談
四四	七二	イギリスへ帰る	
四五	七三	**『西洋哲学史』**出版 ケンブリッジのフェロウとして復帰する	ポツダム会議 **第二次世界大戦終結** **広島・長崎原爆投下**
四八	七六	イギリス放送協会の招きでリーイス記念講演 ノルウェーで飛行機事故にあう **『人間の知識』**出版 パトリシヤと離婚	国際連合発足
四九	七七	**『権威と個人』**出版	中華人民共和国**成立**
五〇	七八	**勲功章**（オーダー・オヴ・メリット）を受く オーストラリアへ講演に行く、アメリカへも講演に **ノーベル文学賞**を受く	朝鮮戦争起こる

五一	七九	『反俗評論集』出版 『変りゆく世界の新しい希望』出版	
五二	八〇	エディスと結婚 『科学の社会への影響』出版	
五三	八一	短編集『郊外の悪魔』出版	
五四	八二	『倫理と政治における人間社会』出版 原水爆禁止を放送で世界に訴える 短編集『著名人の悪夢』出版	
五五	八三	ロンドン、カクストン・ホールで原水爆禁止の講演を放送	各国首脳部ジュネーブで会議 アインシュタイン死す
五六	八四	『自伝的回想』出版	
五七	八五		
五八	八六		
五九	八七	『私の哲学的発展』『常識と核戦争』出版	
六〇	八八	『西洋の知恵』出版	

六一	八九	核兵器反対の坐りこみデモ トラファルガー広場で不服従運動 日本にメッセージを寄せる **『事実と虚構』『人類に未来はあるか』**出版	
六二	九〇	ベトナム問題起こる	キューバ問題、中印紛争生ず
六三	九一	**『武器なき勝利』**出版	世界連邦大会（東京で）
六四	九二		
六五	九三		
六六	九四	「バートランド・ラッセル平和財団」を組織 国際戦犯法廷ひらかる	
六七	九五	**『自叙伝』**第一巻出版	**ラッセル法廷の第一回をストックホルム**で開催
六八	九六	**『ベトナムの戦争犯罪』**出版 **『自叙伝』**第二巻出版	
六九	九七	**『自叙伝』**第三巻出版	
七〇	九八	**ラッセル死す**（二月二日ウェイルズで）	

参考文献

バートランド・ラッセル著作集
全一五巻　みすず書房　昭34～38

自伝的回想　（第一巻）　中村秀吉訳

自由と組織　（第二、三巻）　大淵和夫、鶴見良行訳

神秘主義と論理　（第四巻）　江森巳之助訳

権　力　（第五巻）　東宮　隆訳

幸福論　（第六巻）　片桐ユズル訳

教育論　（第七巻）　魚津郁夫訳

結婚論　（第八巻）　後藤宏行訳

人間の知識　（第九、一〇巻）　鎮目恭夫訳

西洋哲学史　（第一一～一四巻）　市井三郎訳

私の哲学の発展　（別　巻）　野田又夫訳

ラッセル（世界の大思想　第二六巻）
市井三郎訳　河出書房新社　昭41

ラッセル「教育と社会体制」（世界教育学選集第八巻）
鈴木祥蔵訳　明治図書出版　昭39

バートランド・ラッセル――情熱の懐疑家――
アラン・ウッド著　碧海純一訳　みすず書房　昭38

ラッセル（思想学説全書第九巻）
碧海純一著　勁草書房　昭36

ラッセルにおける平和と教育
柴谷久雄著　御茶の水書房　昭38

外部世界はいかにして知られ得るか
（世界の名著　第五八巻）
石本　新訳　中央公論社　昭42

民主主義とは何か、自由とは何か
牧野　力訳　理想社　昭37

政治理想
牧野　力訳　理想社　昭38

原子時代に住みて――変わりゆく世界の新しい希望――
赤井米吉訳　理想社　昭28

人類の将来（反俗評論集）　山田英世・市井三郎訳　理想社　昭33
常識と核戦争　飯島宗享訳　理想社　昭34
人類に未来はあるか　日高一輝訳　理想社　昭37
事実と虚構　北川悌二訳　音羽書房　昭37
武器なき勝利　牧野　力訳　理想社　昭39
宗教・性・政治（ラッセル珠玉集）　柿村　峻訳　社会思想社　昭35
権威と個人　多田幸蔵訳　南雲堂　昭34
西洋の知恵　東宮　隆訳　社会思想社　昭42
宗教から科学へ　津田元一郎訳　荒地出版社　昭40
怠惰への讃歌　堀秀彦・柿村　峻訳　角川書店　昭33
懐疑論集　東宮　隆訳　みすず書房　昭38
雑誌「理想」第三四五号　ラッセル研究特集　理想社　昭37
二〇世紀の良心　岩松繁俊著　理論社　昭43

さくいん

—完—

ラッセル■人と思想30　　定価はカバーに表示

1968年４月10日　第１刷発行©
2014年９月10日　新装版第１刷発行©
2018年２月15日　新装版第２刷発行

・著　者 ……………………………………金子《かねこ》　光男《みつお》
・発行者 ……………………………………野村久一郎
・印刷所 ……………………法規書籍印刷株式会社
・発行所 ………………………株式会社　清水書院

〒102-0072　東京都千代田区飯田橋3-11-6
Tel・03(5213)7151～7
振替口座・00130-3-5283
http://www.shimizushoin.co.jp

検印省略
落丁本・乱丁本は
おとりかえします。

CenturyBooks

Printed in Japan
ISBN978-4-389-42030-7

CenturyBooks

清水書院の〝センチュリーブックス〟発刊のことば

近年の科学技術の発達は、まことに目覚ましいものがあります。月世界への旅行も、近い将来のこととして、夢ではなくなりました。しかし、一方、人間性は疎外され、文化も、商品化されようとしていることも、否定できません。

いま、人間性の回復をはかり、先人の遺した偉大な文化を継承して、高貴な精神の城を守り、明日への創造に資することは、今世紀に生きる私たちの、重大な責務であると信じます。

私たちがここに、「センチュリーブックス」を刊行いたしますのは、人間形成期にある学生・生徒の諸君、職場にある若い世代に精神の糧を提供し、この責任の一端を果したいためであります。

ここに読者諸氏の豊かな人間性を讃えつつご愛読を願います。

一九六六年

清水[illegible]

SHIMIZU SHOIN